LUTHERS
Küchengeheimnisse

Elke Strauchenbruch

LUTHERS KÜCHENGEHEIMNISSE

EVANGELISCHE VERLAGSANSTALT
Leipzig

ELKE STRAUCHENBRUCH,
Jahrgang 1956, studierte in Leipzig Geschichtswissenschaften und spezialisierte sich schon früh auf alltagsgeschichtliche Themen des 16. Jahrhunderts. Seit 1979 lebt sie in der Lutherstadt Wittenberg. Dort arbeitete sie erst als wissenschaftliche Mitarbeiterin am Lutherhaus und ab 1990 als selbständige Buchhändlerin und Antiquarin. Heute ist sie als freiberufliche Autorin und als Gästeführerin tätig. Ihre Bücher erscheinen seit 2010 in der Evangelischen Verlagsanstalt Leipzig. Frau Strauchenbruch hat einen Sohn und zwei Enkelkinder.

Bibliographische Information der Deutschen Nationalbibliothek
Die Deutsche Nationalbibliothek verzeichnet diese Publikation in der Deutschen Nationalbibliographie; detaillierte bibliographische Daten sind im Internet über http://dnb.dnb.de abrufbar.

© 2015 by Evangelische Verlagsanstalt GmbH · Leipzig
Printed in EU · H 7946

Das Buch wurde auf alterungsbeständigem Papier gedruckt.

Gesamtgestaltung: Ulrike Vetter, Leipzig
Coverfoto: © Michael Moser; © Scisetti Alfio / Fotolia
Druck und Binden: GRASPO CZ a.s., Zlín

ISBN 978-3-374-04123-7
www.eva-leipzig.de

Vorwort

Gegenwärtig stellen sich Wissenschaftler und Politiker sehr besorgt die Frage, ob der Planet die ständig wachsende Menschheit auch in Zukunft ernähren kann. Martin Luther hat daran niemals gezweifelt und deutlich gemacht:

Er hat alles gnug fur uns geschaffen, alle Meere sind unsere Keller, alle Wälder unsere Jagden, das Erdreich ist voll Silber und Gold, und unzählige Früchte, so alle in unsern Willen geschaffen sind, und ist die Erde unser Kornkaste und Speiskammer.[1]

Gleichzeitig forderte er, die Herrlichkeit der göttlichen Schöpfung nicht nur zu nutzen, sondern auch zu bewahren, denn das sei beides die Aufgabe der Menschen!

Als ich vor einem Jahr das Manuskript zu meinem Buch *Luthers Paradiesgarten* beim Verlag abgab, habe ich nicht geahnt, dass in der Verlagsleitung der Wunsch nach einem Buch über *Luthers Küchengeheimnisse*, mit Kochrezepten bitte, wuchs. Ich kam etwas ins Rudern, hatte ich doch im Paradiesgartenbuch danach gefragt, woher die Lebensmittel kommen, und war dabei zum Beispiel auf die Herkunft des Trinkwassers und für Bürger und Studenten so wichtigen Bieres ausführlich eingegangen. Das Küchenbuch ist inzwischen das fünfte Buch, das die Evangelische Verlagsanstalt von mir veröffentlicht – das fünfte Buch, in dem ich versucht habe, den Alltag zur Lutherzeit darzustellen. Die Bücher ergänzen sich natürlich und ganz besonders eben das Garten- und das Küchenbuch. Ich bitte den geneigten Leser, sie beide vielleicht einmal nebeneinanderzulegen …

Es war so sicherlich nicht geplant, doch die Evangelische Verlagsanstalt veröffentlicht mit diesen Büchern ein kleines Kompendium zur Alltagsgeschichte der Reformationszeit. Das ist nicht nur ein neues, sondern auch sehr dankenswertes Tun und trägt im Zusammenhang mit den anstehenden Reformationsjubiläen hoffentlich unterhaltsam zur Verbreitung von historischem Wissen und kulturhistorischen Kenntnissen bei. Sich mit Geschichte zu befassen, kann erstaunlicherweise Spaß machen und hält viele Erklärungen für unsere Zeit und unseren Alltag bereit. Als Schülerin hätte ich das nicht für möglich gehalten, aber seitdem hat sich in unserem historischen Verständnis auch sehr vieles zum Besseren entwickelt.

Nun aber zum vorliegenden Buch über *Luthers Küchengeheimnisse*. Beschäftigt man sich mit dem Essen der Lutherzeit, fallen zuerst die unglaubliche Vielfalt der Lebensmittel, Gewürze und die teilweise sehr aufwendigen Zubereitungsarten auf. Die Menschen liebten gefärbte und möglichst stark gewürzte Speisen. Das breite Spektrum an Nahrungsmitteln in der mittelalterlichen Küche war ein Resultat der kirchlichen Fastengebote. Bedenkt man, dass die Fleischküche den Europäern fast 150 Tage im Jahr und gänzlich den Insassen bestimmter Klöster streng verboten war, ahnt man: die müssen sich anders ernährt haben. Es ist zudem belegt, dass trotz Fastenzeiten auch von Mönchen und Nonnen täglich enorme Kalorienmengen aufgenommen wurden. Die Menschen kochten eine Hälfte des Jahres mit Speck und tierischen Fetten und aßen Fleisch, und sie kochten die andere Hälfte eher mediterran und vegetarisch, mit Öl, relativ viel Gemüse und Fisch. Warum und wie wurde so

gekocht? Was war gesünder? Und warum ist diese Zwei-
teilung nicht überall geblieben?

Es kam Luthers auf das Evangelium gegründete Lehre
ins Spiel. Wenn alleine der Glaube vor Gott gerecht macht,
kann alles Tun des Christen zur Erlangung von Gottes Gnade
und für kürzere Verweilzeiten im nach dem Tod angedrohten
Fegefeuer eingestellt werden. Zu diesem Tun und Selbst-
kasteien, das auch Luther für sich viele Jahre lang extrem
ausgeübt hat, gehörte die mehr oder weniger strenge Einhaltung des Fastengebots. An der Vielzahl der durch die
Kurie ausgestellten *Butterbriefe* erklärt sich, dass es vor Luther
schon viele vorbereitende und spannende Entwicklungen
in die Richtung seiner neuen Lehre gab. Luther kam nicht
aus dem Nichts. Doch mit ihm fiel die Fastenküche in den
evangelisch werdenden Ländern. Die Menschen vergaßen
Olivenöl und Gemüseberge und genossen die Fleischküche.
Es war eine europäische Entwicklung, die umfangreiche
Folgen für den Alltag der Menschen damals bis in unsere
Zeit hatte.

Wir kritisieren heute unseren viel zu hohen Fleischkonsum, verurteilen die riesigen Geflügel- und Schweine-
mastanlagen und diskutieren, ob zumindest ein teilweiser
Fleisch- und auch Fischverzicht der Erde, den Meeren, den
Tieren und schließlich auch dem Menschen nicht sehr nütz-
lich sein könnte. Die Frage nach Fleischkonsum und Fleischverzicht ist spannend und momentan hochaktuell.

Mein Dank gilt Herrn Andreas Wurda, dem Leiter der
Wittenberger Ratssammlungen, der mich seit Jahren mit
Anregungen und Gesprächen begleitet. Gemeinsam fanden
wir in den Kämmereirechnungen des Wittenberger Rats-
archives ausführliche Abrechnungen für Festessen des
Rates. Kämmereirechnungen sind sicherlich eine Quelle,
die noch viele kulturgeschichtliche Erkenntnisse bringen
kann.

Der Koch,
Holzschnitt
von Jost Amman,
aus dem
Ständebuch

Da die Wittenberger Hausfrauen der Zeit offenbar keine Rezeptsammlungen hinterlassen und die Verleger hier keine Kochbücher zum Druck gebracht haben, musste ich zeitgenössische Kochbücher aus Mitteldeutschland zur Hilfe nehmen. Die Rezepte aus diesen alten Kochbüchern sollen die historischen Zusammenhänge verdeutlichen und stellen kein eigenständiges Kochbuch dar, lassen sich aber dennoch nachkochen.

Die Hausfrauen standen damals alle in ihren *Schwarzen Küchen* an den offenen Feuern ihrer Kochstellen und haben nicht nur eine Vielzahl unterschiedlicher Lebensmittel verarbeitet, sondern hatten auch sehr aufwändige und teilweise spannende Zubereitungsarten. Und manchmal, manchmal fühlt man sich sogar an heutige Zeiten und unsere liebsten Rezepte erinnert ...

Ich wünsche spannende, vergnügliche und erkenntnisreiche Stunden beim Lesen dieses Büchleins.

Elke Strauchenbruch
Im Mai 2015 in der Lutherstadt Wittenberg

Inhaltsverzeichnis

1

Kochen zwischen
Fleischgenuss und Fastengebot

Wie oft knurrt uns der Magen? Wie oft haben wir Durst? Essen und Trinken sind Grundbedürfnisse eines jeden Menschen, die jeden Tag mehrfach gestillt werden müssen. Darum gehören Speisen aller Art zu unseren kurzlebigsten Kulturgütern; einzelne Traditionen der Speisenauswahl und ihre Zubereitung haben sich durch Jahrhunderte gehalten. Aus den frühen Zeiten der Menschheit stammt der Gedanke: *Fleisch essen macht stark; je mehr Fleisch, desto besser.* Kriegergesellschaften sind immer Fleischesser gewesen. Im mittelalterlichen Europa hatte der Adel das alleinige Privileg der Jagd und konnte auf seinen Tisch standesgemäß viel Fleisch bringen. Als sich das Christentum in Europa durchsetzte, stieß es auf diese damals schon uralte Esskultur der herrschenden Gesellschaftsschicht. Das Christentum brachte, gemeinhin unbeachtet, zwei Neuerungen mit, zum einen die Fastengebote für Christen aller Stände in ganz Europa und zum anderen den Fleischverzicht als grundlegende Regel in den Klöstern, die sich anfangs vor allem mit Vertretern des Adels füllten. Entsprechend war die christliche Kultur nicht (!) von Mäßigung geprägt. Askese, Entbehrung und Verzicht wurden durch die Fastengesetze der Kirche zeitlich begrenzt und im Einzelfall auch mal nur bewundert. Selbst in Klöstern wurde bei Weitem nicht immer gefastet oder sich nur fleischlos ernährt. Dennoch hat sich gerade in den Klosterküchen eine beachtenswerte fleischlose, heute würden viele sagen vegetarische Küche entwickelt. Auch die Klosterinsassen haben viele Kalorien zu sich genommen. Heute wird teilweise davon gesprochen, dass man damals mindestens 4000 bis 5000 Kalorien täglich zu sich nahm, um den durch harte Arbeit verursachten Energiebedarf decken zu können und weil man das in höheren Kreisen für standesgemäß hielt.

*Speise aus Jerusalem. Wenn du gute Fastenspeise
bereiten willst, so nimm Barsche, siede sie gar in
dicker Mandelmilch und streue Zucker darüber.
Man kann sie kalt oder warm essen.*[2]

Vor Beginn der Reformation gehörten fast alle Europäer der
römisch-katholischen Kirche an und waren ihren Kirchen-
gesetzen unterworfen. Man hat ausgerechnet, dass mindestens ein Drittel des Jahres Fastenzeiten waren. Manche
Autoren haben sogar 150 Fastentage pro Jahr errechnet.
Fastentage wechselten sich ständig mit *Fleischtagen* ab, sofern die Menschen sich an den Fleischtagen Fleisch leisten
konnten. Zu den längeren Fastenzeiten wie dem Adventsfasten oder dem heute noch gebräuchlichen Passionsfasten
vor Ostern (beide dauerten je 40 Tage) kamen die in Kursachsen an jedem Freitag gehaltenen Fastentage. Sie dürften die Basis dafür sein, dass hierzulande heute noch viele
Menschen freitags Fisch essen. *Freitag ist Fischtag*, auch wenn
man den Grund dafür längst vergessen hat. In anderen
Gegenden wurde mitunter der Mittwoch anstelle des Freitags zum jede Woche gehaltenen Fastentag.

Noch heute ist das Leben von Millionen von Europäern
(!) von Hunger bedroht – *Tafeln* gibt es nicht nur in Deutschland. Auch zur Lutherzeit war das Leben immer wieder von
Hungerzeiten geprägt, die nicht nur durch Kriege und Feh-
den, sondern auch durch Seuchenzüge und das Wetter ver-
ursacht wurden. Was auf den Tisch gelangte, war also nicht
nur vom Stand und Geldbeutel des Hausherrn abhängig.
Oftmals waren Straßen unpassierbar und damit auch der
Nachschub für Lebensmittel unterbrochen. Den größten
Ausfall mussten die Deutschen wohl durch die bis in die
Nähe Wiens vorrückenden Türken verkraften. Dadurch
fielen in der zweiten Hälfte des 16. Jahrhunderts die großen
Viehtrecks, in denen vor allem Rindvieh nach Süddeutsch-

land getrieben wurde, aus und mussten aus eigener Kraft kompensiert werden. Auch die nicht Hungernden hatten den Hunger stets vor Augen.[3]

Darum ist's eine gräuliche Plage, die wir täglich vor Augen haben, wie gierig ein Durstiger nach Trinken, ein Hungriger nach Essen ist, wo doch ein Wassertrunk oder ein Stück Brot nur eine Stunde oder zwei den Durst oder Hunger vertreiben,[4] brachte Luther das Problem in einem Tischgespräch auf den Punkt.

Da man die modernen Konservierungsmöglichkeiten Gefrieren und Einwecken noch nicht hatte, musste man jahreszeitlich bestimmt essen und konnte Lebensmittel nur durch Trocknen/Dörren, Räuchern oder Einlegen in Salz, Salzlake, Öl oder Fett haltbar machen.

> *Ein Stockfischgericht. Einem Stockfisch, der nicht mager ist, ziehe die Haut ab, weiche ihn eine Nacht in kaltem Wasser ein, drücke ihn in Essig. Damit er ganz bleibt, binde ihm längs zwei Schienen über, lege ihn auf einen hölzernen Rost (! ESt), erwärme ihn, beträufele ihn mit Butter. – Bereite einen Teig von Mehl und Eiern, füge gestoßenen Pfeffer, Safran, Salz nach Geschmack hinzu. Wenn der Fisch ganz heiß ist, schlage die Teigplatte mit einem Schwung um ihn, lege tüchtig Feuer darunter und lass ihn rotbraun werden. Ehe du ihn abnimmst, beträufele ihn reichlich mit Butter und trage ihn auf.*[5]

Die Menschen aßen, selbst dann, wenn sie sich Besseres leisten konnten, mangels frischer Lebensmittel meist getrocknete, geräucherte oder eingesalzene Lebensmittel. Zu Weihnachten und Ostern gab es beispielsweise keine frischen Weintrauben, sondern Rosinen, im Sommer kein frisches Schweine- oder Rindfleisch, sondern gepökeltes oder geräuchertes und, wo möglich, Geflügel. Geschlachtet wurde erst, wenn es kühler wurde. Die gute Hausfrau verstand es, aus wenig viel zu machen: Breie, Brot, Pasteten, Suppen und dergleichen beherrschten die Tafel. Dennoch war das Essen nach heutigem Denken physiologisch richtig. Dank Fastengebot wechselten sich fleischlose Kost und Fleischkost miteinander ab. Es gab auf diese Weise zwei Küchen, die eine verwendete Öl zum Kochen und Braten, die andere Schmalz und Speck. Dazu kamen jahres- und fastenzeitlich bedingte Zutaten wie Kräuter, Obst und Gemüse, Fleisch oder Fisch. Wer es sich leisten konnte, nutzte die Vielfalt der vorhandenen Lebensmittel, wusste, wie man sich fleischlos und fleischhaltig ernähren kann, wechselte im Jahreskreis immer wieder zwischen beiden Küchen hin und her und kannte in beiden Küchen Alltags- und Festgerichte. Selbst das erste gedruckte Kochbuch, die um 1485 in Nürnberg erschienene *Küchenmeisterei* unterschied zwischen Fastenspeisen und Speisen für Fleischtage.

Der süße Brei, Märchen der Gebrüder Grimm: Ein armes, frommes Mädchen lebte mit seiner armen Mutter alleine in einem Haus in einer Stadt. Die beiden hatten nichts mehr zu essen und mussten hungern. Da ging das Mädchen hinaus, um zu betteln. Im Wald begegnete ihm eine alte Frau, die ihr aus Mitleid einen magischen Zaubertopf schenkte, der auf das Kommando »Töpfchen, koch« süßen Hirsebrei zubereitete und bei den Worten »Töpfchen, steh« aufhörte. Von da an mussten sie und ihre Mutter nie wieder

hungern. Als das Mädchen eines Tages das
Haus verlassen hatte, befahl die Mutter dem
Topf »Töpfchen, koch«, und der Topf kochte
Brei. Den zweiten Spruch hatte sie vergessen,
also kochte der Topf immer weiter und weiter.
Bald war das Haus der beiden unter Hirsebrei
begraben, und bald auch ein Nachbarhaus,
dann zwei Häuser, dann drei, dann vier. Es
wurden immer mehr Häuser unter dem Hirsebrei begraben, bis schließlich fast die ganze
Stadt unter dem Brei verschwunden war. Nur
ein einziges Haus war übrig, als das Mädchen
nach Hause kam. Das Mädchen sagte »Töpfchen, steh«, und da hört es auf zu kochen.
Und wer wieder in die Stadt wollte, der musste
sich durch den Hirsebrei zu seinem Haus
durchessen.

Dorfleben
mit Backofen,
zeitgenössischer
Holzschnitt

17

Beschäftigt man sich mit den Speisen früherer Zeiten, muss man sich vor Augen führen, dass zu Beginn des 16. Jahrhunderts etwa 37 % der Einnahmen eines Haushalts für das tägliche Brot/Brotgetreide ausgegeben werden mussten und insgesamt etwa zwei Drittel des Einkommens in die Beschaffung von Lebensmitteln flossen.[6] Brot war in allen Gesellschaftsschichten Grundnahrungsmittel. Arme und ein Großteil der Bauernschaft ernährten sich vorwiegend von Brot, selbstgebackenen Fladen und aus Brotgetreide gekochtem Brei und *Mus* wie Hirsebrei. Viele hatten nur auf einer irdenen Platte, in Asche gebackene Fladen oder die Breie.[7] Auf den Dörfern in Mitteldeutschland wurde das Brot meist in gemeinsamen Backöfen gebacken, in den Städten durch zünftig organisierte Bäckermeister. Brot war in Stadt und Land meist rund geformt.

> Hirsebrei. Nimm Hirse, die frisch und nicht abgelagert ist, wasche sie, indem du das Wasser mehrmals erneuerst, setze sie aufs Feuer, laß kochen, und wenn sie aufgequollen ist, schütte sie in ein Sieb. Laß nochmals Wasser durchlaufen. Dann schütte sie in einen verzinnten Fischkessel, gieß eine fette Rindfleischbrühe darauf, setze sie auf ein Kohlenfeuer, rühre oft um und salze, aber nicht zuviel.[8]

Es ist durchaus mit aller Strenge darauf zu achten, daß alles, was mit den Händen bereitet oder berührt wird, also Speck, Rauchfleisch, Würste, frisches Salzfleisch, Wein, Essig, roter Beerwein, Branntwein (...), Most (garum, die würzige Fischsoße der römischen Küche), Senf, Käse, Butter, (Malz), Bier, Meth, Honig, Wachs, Mehl mit äußerster Sauberkeit hergestellt oder zugerichtet werde. – Hygiene beim Umgang mit Lebensmitteln war schon Karl dem Großen so wichtig, dass er die Forderung nach Sauberkeit in sein Gesetzeswerk aufgenommen hat. Ausdrücklich forderte er, die Ausstattung der Schlachtküchen, Bäckereien und Mostkeller auf den Krongütern solle so gut und sauber sein, dass Arbeit bestmöglich und sauber erledigt werden könne.[9] Über die Krongüter gelangte das Bestreben nach Reinlichkeit in das Bewusstsein der Menschen. Ohne das Wissen von der Existenz von Bakterien und krank machenden Keimen, das erst durch die Erfindung von Mikroskopen erlangt werden konnte, bemühte man sich, mit Hilfe der verschiedensten Maßnahmen, Wasser und Luft reinzuhalten und so möglichen Krankheitszügen und Seuchen zu entgehen. Auch der Wittenberger Rat der Stadt kämpfte darum und wollte so seine Bürger und die Studenten schützen.

1581 verfasste der Leibkoch des Kurfürsten und Erzbischofs von Mainz Marx Rumpolt das erste Kochbuch für die Ausbildung von Jungköchen. Im Erzbistum wurde das Fastengebot Roms auch Ende des Jahrhunderts weitgehend eingehalten. Die folgende Gegenüberstellung von Speisefolgen zum Frühmahl in der Fastenzeit, geordnet nach den gesellschaftlichen Ständen, zeigt die unglaubliche Vielfalt der Fastenküche, die bis auf *Eier und Schmalz und Gesottenen Hecht im Speckmantel* für die Königin und die Bürger vegetarisch war. Stellt man die Speisezettel tabellarisch dar, wird ersichtlich, dass sich viele Lebensmittel in allen Ständen gleichen, sich die Anzahl der einzelnen gerichten Gerichte und die Verwendung von Gewürzen und exotischen Zutaten über die Stände hin steigert. Durch Safran gelb gefärbte Fischsülzen, Hechte, Störe, Reis kamen selten oder nie auf die Tische der einfachen Bürger und ganz bestimmt nicht auf die der Bauern.

Speisefolge zum Frühmahl an einem Fastentag nach dem Kochbuch
von Marx Rumpolt, 1581[10]

	Königin von Ungarn und Böhmen	Bürger	Bauern
1. Gang	Eine Mandelsuppe	Eine Weinsuppe	Ein Salat aus geschnittenem Weißkraut, dazu geviertelte hartgekochte Eier + Bratfisch
	Eine Erbsensuppe mit Hechtmägen oder mit Hechtleber und Petersilienwurzel	gekochte Eier	Ungarische Käsesuppe mit Zwiebeln
	Gekochte Eier	Eier und Schmalz (!)	Frisch gekochte Eier
	Ein gebratener Hecht mit Knoblauch	Blau gekochter Karpfen	
	Eier und Schmalz (!) mit Zwiebeln	Eingemachter und gelb gefärbter Aal	
2. Gang	Ein *Hausen* = Stör, gekocht im Pfeffer	Gekochter Spinat mit kleinen Rosinen	Eingemachte schwarze Karpfen
	Blau gesottene *Styrlein*	Gebackene *Koppen*	
	Ein Spinat mit Backfischen und warmen Backfischen um das Kraut herum gelegt	Blau gekochte Forellen	
	Ein gekochter Hecht, gelb auf Ungarisch, fein *Fischlet*	*Brücken* in Pfeffer	

	Capritade von Hechten	Eingemachter und gelb gefärbter Hecht, ungarisch
3. Gang	Ein in seiner eigenen Brühe gekochter Hausen mit darüber *geworffener* Petersilienwurzel und Meerrettich	Gekochte Krebse
	Blau gesottene Forellen	Gedämpfter, gefüllter Stockfisch
	Eine ungarische Käsesuppe mit Sahne und jungem Käs aufgesiedet	Zwetschgen
		Blau gekochter Hecht im Speck (!)
		Eine gelb gefärbte Sülze aus Hecht
4. Gang	Ein in schwarzem Sud gekochter Karpfen mit Limonen, fein auf Ungarisch	Allerlei Obst, *Holhippen*, Gebackenes und Käse
	Lau gesottener Karpfen und Hecht *vnd in ein Silber angerichtet*	
	Warme Hechtpastete	
	Eine gelb gefärbte Sülze aus Hecht	
	Milchreis	
5. Gang	Obst nach Jahreszeit, *allerley Confect*, Marzipan, Gebackenes, Quittensaft, Kompott	

Arme-Leute- und Gesinde-Essen

An den Tischen der Reichen, wie im Wittenberger Schloss, benutzte man Brot auch als Tellerbrot und gab nicht verspeiste Überreste in die zur Armenspeisung bereitgestellten Almosenfässer. So fand wohl auch mal ein Kanten Weißbrot aus der Herrenspeise in den Mund eines Armen.

Amtsrechnung April 1546[11]: *8 gr Symon Hoepff, botticher in der Vorstadt, vor 2 grosse almosen vhas, darinnen in der hofstuben die tellerbrodt und anders, so ubrig bleibt, vor arme leute geworffen. Hernach, wann gessen, vor das schloß getragen und den armen leuthen ausgetheilet wurden. Hat solche zu machen lassen und zu bezahlen der herr hofmarschall bevohlen, die woche judica, als m.g.H. mit dem frawengezymmer und der jungen herrschaft alhier gewest.*

Die Tischabfälle des Hofes im Wittenberger Schloss wurden im 15. Jahrhundert in vier von einem Böttcher angefertigten *almosen faß* gesammelt.[12] Der Hof spendete an Arme, für die Franziskaner und zum *Fest der unschuldigen Kinder* für die Schüler der zur Stadtkirche gehörenden Lateinschule.

In den fruchtbaren Gegenden Mitteldeutschlands wurde *um 1500 von den Bauern, Tagelöhnern und Knechten relativ viel Brot gegessen* und wurden Brot und Getränk (gemeint ist

Kofent, ein Dünnbier, dass in allen Bevölkerungsschichten und auch von Kindern getrunken wurde) zu den täglichen Mahlzeiten gereicht. *In Franken und Bayern dagegen standen an der Stelle von Brotspeisen mehr Breie und Suppen.*[13]

Dazu passt die Beobachtung, dass das im Mittelalter in den Städten des Nordens aufgekommene Butterbrot Ende des 15. Jahrhunderts langsam von Norden nach Süden wanderte. Die Viehwirtschaft scheiterte noch an der ausreichenden Bereitstellung von Winterfutter. Dadurch konnten die Kühe nicht viel Milch geben. Zur Butter- oder Käseherstellung langte das nicht.

Totentanz in der Küche armer Leute, Holzschnitt von Hans Holbein

Dennoch waren dies schon früh Exportartikel des Nordens,[14] und auch bei den Wittenberger Reformatoren kamen immer wieder Butterfässer als kostbare Geschenke an. 1525 erwähnte Luther die *putterpomme* in der Epistel *Habt eynerley mutt und synn untereinander.*[15] Brot und sogar Butterbrot blieben noch lange wichtiger Bestandteil der Armenspeisung. Als Beispiel mag der Speiseplan des Hamburger Waisenhauses von 1604 stehen:

- als Zuspeise für Mehlsuppen und Gemüsebreie Butterbrot
- Mittags an Wintersonntagen *Sauerkohl und Butterbrot zur Genüge*
- Dienstag *Erbsen mit Speck und Butterbrot*
- Donnerstag *Grüner Kohl mit Speck, oder Erbsen mit Speck und Butterbrot*
- Samstag *Hafergrütze mit Milch und Butterbrot.*

Abendbrot:
- Montags *Bohnen und ein Butterbrot,* ansonsten dasselbe wie beim Mittagbrot.

zum Frühstück:
- *Warmbier, Brotsuppe, Syrupsbrot oder Süßmilchkäse etc.*[16]

Die Rechnungen der Hoflager des Jagdschlosses Lochau, in dem Kurfürst Friedrich der Weise 1525 verstarb, erweisen, dass man viel Fleisch aß und als *Zugemüse* Brot, Grütze, Hirse, Erbsen und Kraut dienten. Gewaltige Brotmengen wurden auch bei Hofe verzehrt und viele Fässer Bier als Speisebier genossen. Dazu kamen hier täglich große Mengen dicker und dünner Milch.[17]

Gesindeessen laut Landesordnung 1482 in Kursachsen: *Man soll denselben Werkleuten allezeit zu ihrem Mittag- und Abendmahle vier Essen geben. An einem Fleischtage ein Suppen, zwei Fleisch und ein Gemüse. Auf einen Freitag und andern Tag, da man nicht Fleisch isst, ein Suppe, ein Essen grüne oder dürre Fische, zwei Zugemüse. So man fasten muss fünf Essen: ein Suppen, zweierlei Fisch, dürre oder grün, und zwei Gemüse. Zu dem Morgen- und Abend-Brot, zwischen den Mahlen soll man ihnen nicht mehr denn einen Käse und Brot und sonst keine gekochte Speise geben, man mag ihnen aber das Mittag- und Abend-Mahl und sonst übern Tag Kofent zu trinken geben ... einem Mäher, der Gersten, Hafer oder Gras hauet (schneidet), dem soll man einen Tag über drei Groschen nicht geben, und soll ihm zu essen und trinken geben, wie oben, bei den Werkleuten, angezeigt ist.*[18]

Die Qualität und Menge des Essens sanken oder stiegen mit dem gesellschaftlichen Stand des Essenden. Gut ausgebildeten Handwerkern, wie Steinmetzen, Maurern, Tischlern oder Zimmerleuten sollten zur Kost im Sommer pro Woche nicht mehr als 18 neue Groschen Lohn gegeben werden. *Gemeinen* Steinmetzen, Maurern, Tischlern, Knechten und Zimmerleuten sollte man zusätzlich zur Kost nicht mehr als 14 Groschen geben. Verpflegten sich Handwerker selbst, so sollten Polierer 27 Groschen pro Woche erhalten, *gemeine* Handwerker 23 Groschen. Wöchentlich rechnete man für die *Werkleute* 9 Groschen, *für das Gesinde, die Handreicher und andere gemeine Arbeiter 7 gr. Beköstigungsgeld.*[19]

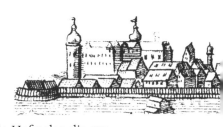

Das Wittenberger Schloss, 1759

Der adelige Hofstaat und selbst die Hofmaler, die aus der Schlossküche versorgt wurden, fielen nicht unter die Festlegungen der Landesordnung für das Gesinde. In den Wittenberger Amtsrechnungen befindet sich das *Cüchen Register des wellischen malers So montags nach Jacobj biss vf martinj Anno 1504*. Daraus ist zu erfahren, dass der aus Venedig stammende kurfürstliche Hofmaler Jacopo di Barbari vom 29. Juli bis 11. November 1504 auf Kosten von Kurfürst Friedrich dem Weisen von der Wittenberger Schlossküche verpflegt wurde. Die Abrechnung seiner Speisen erfolgte wöchentlich. In den Listen erscheint auffällig häufig Schweinebraten, besonders dann, wenn der Maler vornehmen Besuch hatte, was fast in jeder Woche vorkam. Ansonsten aß er Gerichte aus Rindfleisch, Rindsfüßen, Schweinebraten oder Schweineklauen mit Kraut, Vögel mit Weißkraut, Schöps (Schafe, Hammel), Hühner, *Gekröse*, Hechte, Eier, Rüben und Birnen. Dass er als Italiener ausschließlich Semmeln, niemals Schwarzbrot zu sich nahm, verwundert nicht.

14 Groschen bezahlte man einmal für zwei neue große Zinkkannen und einmal sogar 10 Eimer Wein. Zu den ebenfalls aus der Hofküche verpflegten Gästen des Hofmalers zählten häufig Professoren der Wittenberger Universität mit ihren *Famulen*, am häufigsten aber der Philologe Nikolaus Marschalk, der hier am 23. April 1504 zum Doktor der Rechtswissenschaften promovierte, und die beiden Juraprofessoren Petrus und Vincentius de Thomais aus Ravenna.[20] Der Sohn Vincentius wurde im Wintersemester Rektor der Wittenberger Universität. Man kann sich die Tischgespräche dieser humanistisch hochgebildeten Kreise gut vorstellen und versteht die Vorliebe der Italiener für Wein anstelle des üblicheren Bieres. Erstaunlich, wie sehr sich die Hofküche auf die Vorlieben des Hofmalers und seiner Gäste einstellte, erstaunlich auch der relativ fleischlastige Speisezettel des Italieners.

Ein welsch gekröse wie Kaldaunen zu machen.
Willst du ein Welsch (italienisches) Gekröse auf
die Art machen, wie die Kaldaunen so nimm
das Gekröse und reiße die Därme auf, nimm es
und wasche es rein aus, dann nimm Salz in ein
Müldlein und reibe die Därme mit Salz zwischen
den Händen. Dann nimm frisches Wasser und
wasche sie rein aus, mehrere Male, lege sie in einen
Topf, laß es wol sieden und lege dazu Petersilien-
wurzel. Wenn das wol gesotten ist so lege darein
grüne Petersilie, nimm die Petersilienwurzel
wieder heraus, reibe sie in einem Reibetopf klein
und nimm ein Wenig Weißbrod dazu, reibe es
gut durcheinander, drücke es aus durch ein Sieb.
Willst du das Gekröse ganz lassen so gieß das
Sod darauf, es ist auch besser so, willst du es aber
nicht so magst du das Gekröse zerschneiden wie
Kaldaunen, setze es zum Feuer und lass es auf-

*sieden. Würze es ab mit Ingwer, Safran und ein
wenig Muscatblumen, salze es in rechter Weise
und gieb es auf.*[21]

Wie bereits erwähnt, nahm der, der zu essen hatte, egal wo
er lebte, täglich unglaubliche Mengen an Kalorien zu sich.[22]
Man musste auf Kalorien bedacht sein und schätzte stärker
gebaute Menschen als wohlhabend. In der Magdeburger
Börde trugen Frauen sogar dicke Polster unter ihren Röcken,
um runder und damit gesünder und gut betuchter zu erscheinen. Noch im 15. Jahrhundert war der hohe Adel mit
seinem Gefolge stets auf Reisen, weil die einzelnen Burgen
und Ämter sie immer nur auf eine bestimmte Zeit standesgemäß versorgen konnten.

Die adelige Damenwelt konnte gut und ausdauernd
reiten. Auch Kaufleute und mitunter sogar ihre Frauen
gingen viel auf Reisen, im frühen Mittelalter oft zu Fuß,
später mit Kaufmannswagen, zu Pferde, mit Mauleseln und
auf den Flüssen.

Bürger und Bauern hatten sehr lange Arbeitszeiten und
verrichteten Tätigkeiten, die viel Kraft kosteten. Bewegungs-
mangel dürfte selten gewesen sein. Die schwere körper-
liche Arbeit der Menschen erforderte eine kalorienreiche
Ernährung.

Denkt man an »Mittelalter«, kommen einem schnell
körperlich oder geistig behinderte Bettler vor den Neubauten
der Kathedralen, Burgen und auf den Gassen in den Sinn –
äußerste und lebensbedrohliche Not. Der Wittenberger Rat
ordnete 1504 in seiner neuen Stadtordnung, den *Statuta*, an:
*§18 Von Bettlern. – Kein Bettler darf ohne Erlaubnis des Pfarrers
und Rates in die Häuser betteln gehen, bei Verlust der Pfennige.*[23]
Es gab also eine Bettelordnung, die von Pfarrer und Rat,
weltlich und geistlich, kontrolliert wurde. Im äußersten Not-
fall konnte man im Hospital aufgenommen und versorgt

werden. Nur gab es gerade jetzt einen großen Streit um einen Neubau des Wittenberger Hospitals. Das alte Heilig-Geist-Hospital mit seiner Kirche hatte man den Augustinern für den Neubau ihres Klosters zugeschlagen und dafür vereinbart, dass die Mönche einen Ersatz schaffen sollten. So blieben die Armen auf Spenden vor den Kirchen, in den Straßen und Häusern und Lebensmittelspenden aus den Almosenfässern der kurfürstlichen Tafel angewiesen. Es ist wohl eine der größten Leistungen des Reformators, dass er 1520 in seiner berühmten Schrift *An den christlichen Adel deutscher Nation* feststellte: *Es ist wol der grosten not eyne, das alle betteley abthan wurden in der Christenheit. ... Es kund yhe ein yglich stadt die yhren erneren, unnd ob sie zu gering were, das man auff den umligenden dorffen auch das volck vormanet datzu geben, mussen sie doch sonst soviel landlauffer und boser buben unter des bettelns namen erneren, szo kund man auch wissen, wilche warhafftig arm weren odder nit.*[24] Mit der Verpflichtung der Nachbarn, sich um das Wohl der Bedürftigen in ihrer Mitte zu kümmern, legte Luther die Grundlage für die *Beutelordnung* der Gemeinde und 1524 für den *Gemeinen Kasten*. Die *Kastenordnung* wurde Vorbild für die Armen- und Sozialordnung in vielen evangelischen Kirchenordnungen und Gemeinden. Luther und Melanchthon waren unter Zeitgenossen dafür berühmt, dass sie als Christen ihre Hauptaufgaben im Glauben an den Gekreuzigten, für ihre Familie und die Bedürftigen in ihrem Umfeld sahen und damit ihre eigenen Finanzen mitunter ins Wanken brachten. Sie und Stadtkirchenpfarrer Johannes Bugenhagen haben sich zusätzlich immer wieder beim Kurfürsten, anderen Herren und Stadträten für Bedürftige eingesetzt und Unterstützung für die von einer gerade herrschenden Teuerung oder sonstiger Not betroffenen armen Mitbürger oder Studenten erbeten. Der Rat der Stadt richtete auf Betreiben der Reformatoren in der Kirche des ehemaligen Franziskanerklosters

einen Kornboden ein, von dem in Notzeiten Brotgetreide an
Bedürftige abgegeben wurde. 1533/1534 und 1534/1535 wurden
in Vorbereitung auf eine wahrscheinlich bevorstehende krie-
gerische Auseinandersetzung mit dem Kaiser die Getreide-
und Weinbestände der kursächsischen Residenzen erneuert.
Überlagertes Getreide, vor allem Hafer, wurde preiswert verkauft und durch neu ausgedroschenes Getreide ersetzt.
Der kurfürstliche Rat und Kämmerer Hans von Ponickau
(1508–1573) erwarb 1535/1536 für 7800 Gulden Hafer.[25]

Tätige Nächstenliebe äußerte sich in Testamenten von
Bürgern und Bürgerinnen zugunsten der Armen, der Schüler oder Studenten und manchmal auch einfach zugunsten
des *Gemeinen Kastens*, aus dem Bedürftige unterstützt wurden.

Fronleichnams-
kapelle – hier
stand zur Luther-
zeit der Gemeine
Kasten, die erste
Armen- und Sozial-
kasse der Stadt.

29

Speiseregeln

Martin Luther hat in wohlhabenden Kreisen gelebt. Dennoch erinnerte er sich entsetzt daran, dass seine Mutter ihn in Mansfeld einmal schwer geschlagen habe, weil er eine Nuss genommen hatte.[26] Über die von der Mutter in der Küche verwendeten und oft schwer zu bekommenden Lebensmittel sind wir heute durch die Auswertung von exakten Ausgrabungen gut informiert.[27] Heute, wo es uns nicht mehr um den Heiligenschein des Reformators geht, ist es uns auch wichtig zu wissen, was Luther gegessen hat. War er Speis und Trank wirklich so zugeneigt, wie man es ihm so oft unterstellt? Wir wissen, dass Menschen in ihrer Kindheit auf bestimmte Lebensmittel, Gerichte und Geschmacksrichtungen geprägt werden und diese als Vorlieben beibehalten. Man geht davon aus, dass meist von Großmüttern gekocht wurde (nicht bei den Luthers, Melanchthons, Cranachs und vielen anderen Wittenberger Familien!), während sich Hausfrauen auf andere Arbeiten konzentrierten. Die Großmütter kochten die ihnen seit ihrer Kindheit lieb gewordenen Speisen und tradierten so die Kochkunst früherer Zeiten.[28] Auch der junge Luther wurde auf die Speisen seiner Kindheit geprägt. *Was der Bauer nicht kennt, das frisst er nicht*, heißt es noch heute. Bisher unbekannte oder vergessene Lebensmittel finden noch heute meist über innovative Städter in die Kochtöpfe der Allgemeinheit. Denken wir an die im 16. Jahrhundert sehr beliebten Pastinaken, die heute wieder im Gemüsehandel zu haben sind. Als die Pfarrer der ländlichen Pfarreien durch Luthers Wirken nicht nur mehr Bildung erfuhren, sondern Bürgerstöchter heirateten, gelangte die Kunde von exotisch erscheinenden Speisen durch sie auch auf die Dörfer. Glaube und tradiertes Brauchtum haben bis heute großen Einfluss auf unser Essen. So liebt man vor allem im sächsischen Erzgebirge noch immer das *Neunerlei* zum Weihnachtsfest. Zum Weihnachtsessen in Deutschland gehörten Schweinefleisch, Brot und Kuchen, Brei (Grütze), Erbsen, Bohnen, Fischrogen, Mohnkörner, denn bei diesen Gerichten spielt die Beziehung zur Fruchtbarkeit dieser Esswaren eine große Rolle. Übereinstimmungen im Speisezettel bei germanischen und slawischen Völkern beweisen das hohe Alter von Gerichten. Fisch behielt auch im Protestantismus seinen festen Platz im Weihnachtsessen, denn Fischrogen galt als Fruchtbarkeitssymbol und eine Fischschuppe im Geldbeutel als Garant für genügend Kleingeld im Neuen Jahr. Vergessen ist, dass der Weihnachtsabend, also der 24. Dezember, ursprünglich der letzte Tag des Adventsfastens war und das Fasten erst am 25. Dezember zu Ehren der Geburt des Christkindes gebrochen und mit einem Festmahl gefeiert wurde.[29]

> Das *Neunerlei*: Die einzelnen Gänge und Zutaten sind auch zur Lutherzeit denkbar und haben jeweils eine bestimmte Bedeutung, versprechen Glück und Wohlstand im kommenden Jahr:
>
> 1. Bratwurst, zum Erhalt von Herzlichkeit und Kraft (!),
> 2. Sauerkraut, dass einem das Leben nicht *sauer* werde,
> 3. Linsen, dass einem das Kleingeld nicht ausgehe,

4. Klöße (damals natürlich nicht aus Kartof-
   feln!), Karpfen und Hering, dass das *große*
   Geld nicht ausgehe,

5. Gans, Schweinebraten, auch Kaninchen (die
   zur Lutherzeit unters Jagdrecht des Adels
   fielen), dass einem das Glück treu bleibe,

6. Kompott, dass man sich des Lebens erfreuen
   könne,

7. Semmelmilch, dass man nicht erkranke,
   oder Buttermilch, dass man keine Kopf-
   schmerzen habe,

8. Nüsse oder Mandeln, dass der Lebenswagen
   gut geölt durchs nächste Jahr fahre,

9. Pilze oder rote Rüben, dass sie Freude und
   Glück brächten oder gutes Wachstum des
   Getreides.

In seiner Kindheit, Jugend und der folgenden Klosterzeit
musste Luther sich nicht ums tägliche Brot sorgen. Man
aß, was auf den Tisch kam. In wohlhabenden Klöstern
konnten das selbst zu Fastenzeiten große Mengen an Lebensmitteln sein. Fasten bedeutete ursprünglich keineswegs
Hungern, sondern vor allem Verzicht auf tierische Produkte
wie Fleisch und Speck. Nur an den Fastentagen vor Ostern
waren die Gläubigen angehalten, lediglich eine Mahlzeit zu
sich zu nehmen. In dieser strengen Fastenzeit waren ihnen
bis weit ins 15. Jahrhundert hinein auch Milch, Eier, Butter
und Käse verboten. Angeblich kannte man nirgendwo mehr
Arten, Eierspeisen oder Fische zuzubereiten und Bier zu
brauen, als in den Klöstern. Vor allem Nonnen, aber auch
Mönche wurden angehalten, sich beim Essen zu mäßigen,
doch damit nicht zu übertreiben und gar durch über-
mäßige Askese die eigene Gesundheit zu gefährden.

Luther trat in Erfurt in ein Augustinerkloster ein. Über die Speisegewohnheiten der Mönche dieses Ordens heißt es in Kapitel 3 der Augustinerregel[30] *Über die gemeinsame Sorge für das leibliche Wohl:*

> *Bezwingt euren Leib durch Fasten und Enthaltung von Speise und Trank, soweit es eure Gesundheit zulässt. Wer es nicht ohne Nahrung bis zur Hauptmahlzeit, die gegen Abend eingenommen wird, aushalten kann, darf vorher etwas essen und trinken, jedoch nur zur Stunde der sonst üblichen Mittagsmahlzeit. Wer aber krank ist, darf jederzeit etwas zu sich nehmen.*
>
> *Hört vom Beginn bis zum Ende der Mahlzeit aufmerksam der üblichen Lesung zu, ohne euch dabei lauthals zu äußern oder gegen die Worte der Heiligen Schrift zu protestieren. Denn ihr sollt nicht nur mit dem Mund euren Hunger stillen, sondern auch eure Ohren sollen hungern nach dem Wort Gottes (Amos 8,11).*
>
> *Einige haben als Folge ihrer früheren Lebensgewohnheit eine schwächliche Gesundheit. Wenn für sie bei Tisch eine Ausnahme gemacht wird, dürfen die Übrigen, die aufgrund anderer Lebensgewohnheiten kräftiger sind, dies nicht übel nehmen oder gar als ungerecht empfinden. Auch sollen sie nicht meinen, dass jene glücklicher sind, bloß weil sie bessere Speisen erhalten als die Übrigen. Sie sollen vielmehr froh sein, dass sie selber fertigbringen, wozu jenen die Kraft fehlt.*
>
> *Einige waren vor ihrem Klostereintritt eine üppigere Lebensführung gewohnt und erhalten deswegen etwas mehr an Speise und Kleidung, ein*

besseres Bett oder zusätzliche Bettdecken. Die anderen, die kräftiger und somit glücklicher sind, bekommen dies nicht. Aber bedenkt dabei wohl, wie viel diese Brüder jetzt im Vergleich zu ihren früheren Lebensbedingungen entbehren müssen, selbst wenn sie nicht dieselbe Anspruchslosigkeit aufbringen können wie jene, die vom Leib her kräftiger sind. Nicht alle müssen das haben wollen, was sie andere zusätzlich bekommen sehen. Das geschieht ja nicht, um jemanden zu bevorzugen, sondern allein aus Rücksichtnahme. Andernfalls würde sich im Kloster der widersinnige Missstand ergeben, dass jene, die aus armen Verhältnissen kommen, ein verweichlichtes Leben führen, während die aus reichen Verhältnissen Stammenden alle möglichen Anstrengungen auf sich zu nehmen hätten.

Kranke müssen selbstverständlich eine der Krankheit angepasste leichte Kost bekommen; andernfalls würde man die Krankheit verschlimmern. Sobald aber die Besserung eintritt, sollen sie mit kräftiger Nahrung versorgt werden, damit sie sich so schnell wie möglich erholen, selbst wenn sie vor ihrem Klostereintritt zur ärmsten Schicht der Gesellschaft gehörten. Während der Genesungszeit sollen sie dasselbe erhalten, was den Reichen aufgrund ihrer früheren Lebensgewohnheit zugestanden wird. Sobald sie aber wieder zu Kräften gekommen sind, sollen sie von neuem anfangen, so zu leben wie früher, als sie glücklicher waren, weil sie weniger nötig hatten. Je schlichter die Lebensführung ist, desto besser passt sie zu den Dienern Gottes!

Wenn ein Kranker genesen ist, soll er sich in Acht

nehmen, dass er nicht zum Sklaven der eigenen Behaglichkeit wird. Er muss auf die Vorrechte verzichten lernen, die seine Krankheit mit sich brachte. Diejenigen, die zu einem anspruchslosen Lebensstil am ehesten bereit sind, sollen sich für die reichsten Menschen halten. Denn es ist besser, wenig nötig zu haben als viel zu besitzen.

Der Mönch Martin Luther hat sich der Regel seines Ordens nicht immer unterworfen. Er hat sich über Jahre hinweg selbst gemartert und kasteit, um so für sich den *gerechten Gott* zu finden. Dafür hatte er Vorbilder, die von der Gesellschaft mehr oder weniger hoch geachtet wurden. Vorbilder wie der päpstliche Gesandte Johannes Capistrano, der auf seiner Predigtreise den Wittenberger Bürgern und Franziskanern 1453 ihr Leben in Luxus und Völlerei vor Augen geführt haben soll,[31] und den Fürsten Wilhelm von Anhalt-Zerbst, der als Mitglied des Franziskanerordens bettelnd und gesundheitlich schwer angeschlagen durch Magdeburg schlurfte, als ihn

der damals 14-jährige Luther dort sah. Das Bild dieses Mönchs hat Luther nie mehr verlassen[32] und galt ihm als abschreckendes Beispiel für etwas, dem er selbst lange Zeit verfallen gewesen ist und für das er nun Ausgleich suchte.

Luther als Mönch, Kupferstich von Lucas Cranach d. Ä.

Luther äußerte 1534 in einer Predigt: *Denn ich bin selbs funffzehen jar ein Mönch gewest, on was ich zuvor gelebt habe, und vleissig alle jre bücher gelesen und alles gethan, was ich kunde, noch hab ich mich können einmal meiner Tauffe trösten,*

Sondern jmer gedacht: O wenn wiltu ein mal from werden und gnug thun, das du einen gnedigen Gott kriegest? Und bin durch solche gedancken zur Möncherey getrieben und mich gemartert und zu plagt mit fasten, frieren und strengem leben, Und doch nichts mehr damit ausgericht, denn das ich nur die liebe Tauffe verloren, ja helffen verleugnen. Das ist die frucht und lohn, so wir jrer Wercklere zu dancken haben und fragte bei Tisch: *Kann mir unser Herr Gott das schenken, daß ich mich wohl zwanzig Jahr gekreuzigt und gemartert mit Meß-halten, so kann er mir das auch wohl zu Gute halten, daß ich bisweilen einen guten Trunk tue ihm zu Ehren; Gott gebe, die Welt lege es aus, wie sie wolle.*[33]

War ihm bewusst, wie stark sich seit Beginn der Reformation nicht nur seine Speise- und Trinkgewohnheiten, sondern auch die seiner Zeitgenossen durch sein Wirken veränderten?

Essen macht gesund oder krank

Heute wissen wir, dass gekochte Lebensmittel dem Körper die Aufnahme von Kalorien stark erleichtern. Es gibt sogar die Theorie, dass die Entwicklung des menschlichen Gehirns und damit der Aufstieg des Menschen in der Evolution nur durch das Kochen und Braten und die so gewonnene Energie möglich geworden ist. Im Mittelalter meinten Ärzte, die Verdauung sei ein Prozess, der dem Kochen ähnele. Damit die Nahrungsmittel richtig *gekocht* und so die Nahrungsbestandteile vom Körper aufgenommen werden, war es ihrer Meinung nach wichtig, Nahrungsmittel in einer bestimmten Reihenfolge zu sich zu nehmen. Einfach zu verdauende Lebensmittel sollten zuerst gegessen werden, gefolgt von zunehmend schwereren Gerichten. Andernfalls würden die schwereren Gerichte auf den Boden des Magens sinken, der Verdauungstrakt blockiert werden und im Magen würde ein Verwesungsprozess einsetzen. Während Arme sich vorwiegend vom Brot ernährten, kauten Reiche vor dem Essen Gewürze wie Kümmel, Anis, Fenchel, die sie aus der Apotheke holten und möglichst wie ein Dragee mit einem dünnen Mantel aus Honig oder Zucker überzogen waren. Sie hofften, so ihre Mägen durch etwas Heißes und Trockenes öffnen zu können. Gewürze und Zucker galten als *temperierend*. Auch Wein oder gesüßte Milch galten als geeignet. Die Mahlzeit begann dann idealerweise mit leicht verdaulichem Obst wie etwa einem Apfel. Dann sollten Gemüse und leicht verdauliches Fleisch wie Huhn oder Zicklein, begleitet von Brühe, folgen. Erst danach sollten schwer verdauliche Fleischsorten wie Schwein und Rind gemeinsam mit Gemüse, Nüssen und Obst, wie Pfirsichen und Maronen, die ebenfalls als schwer verdaulich galten, serviert werden. Die Mahlzeit wurde wieder durch das Kauen von Gewürzdragees oder das Essen gewürzten Zuckers oder das Trinken eines stark gewürzten Weines, zu dem man Käse aß, abgeschlossen.

Der in Straßburg lebende Arzt und Chirurg Walther Ryff veröffentliche 1544 in Frankfurt sein *Confect Büchlin vnd Hausz Apoteck*. In diesem 139 Seiten umfassenden Buch widmete er den Pillen den *Fünfft Theyl. Leret vnnd vnderweiset wie mann alle köstliche Species odder gestossen pillplen mancherlei Confect nützlicher vermischung bereyten sol, für vielerley zufell vnnd gebrechen menschlichen corpers verordnet vnnd beschriben, Krefftig zucker täflin, vnd auch weyche Latwerglin/Tresenei vnd andere dergleichen gebreuchliche form die artznei dauon zu berydten.*[34]

> Holunderbrei: *Holunderblüten koche in Milch, seihe sie durch ein Tuch und bereite einen Brei daraus je nach Belieben mit geriebenem Weißbrot oder anderen Bindemitteln. Dies ist wohlschmeckend und gesund zugleich. Du kannst es auch färben und würzen, wenn du magst: doch schmeckt es schon ohne dies gut. – In dieser Art kannst du mancherlei Brei bereiten.*

Das mittelalterliche Wissen über Ernährung gründete sich auf die antike Humoralpathologie. Nahrungsmittel wurden als *warm* oder *kalt* und *feucht oder trocken* klassifiziert. Von geübten Köchen und Hausfrauen wurde erwartet, dass sie die Lebensmittel so kombinierten, dass sie sich gegenseitig

Küche,
zeitgenössischer
Holzschnitt.
Man beachte die
Gewürzkiste auf
der Anrichte.

ausglichen und ergänzten. Auf diese Weise sollten die Körpersäfte in Einklang gehalten werden. Cholerikern empfahlen die Ärzte, ihre Nahrungsmittel nicht zu stark zu würzen, denn Gewürze galten ja als heiß und trocken und somit den Eigenschaften des cholerischen Menschen verwandt. Fisch galt als *kalt* und *feucht* und sollte in einer Weise zubereitet werden, die *trocknend* und *erhitzend* war. Entsprechend wurde er frittiert, gebraten oder im Ofen gebacken und möglichst gut gewürzt. Rindfleisch galt als *trocken* und *heiß*. Es wurde daher meistens gekocht. Schwein galt als *kalt* und *feucht* und wurde darum gerne, auf einen Bratspieß gesteckt, am offenen Feuer geröstet.

Nahrungsmittel, die als warm und feucht eingestuft wurden, entsprechen der nach dieser zur Lutherzeit überall verbreiteten Lehre der menschlichen Natur angeblich am ehesten. Die einzelnen Speisen sollten fein gehackt oder püriert werden, um eine gute Durchmischung der Zutaten zu erreichen. Ein Gericht, das diese Anforderung idealtypisch erfüllte, war *Blancmanger*, das auch wegen seiner meist weißen Farbe geliebt wurde.

Wer Blamensir oder Blancmanger machen will,
der nehme dicke Mandelmilch (das heißt aus
gestoßenen Mandeln und Wasser bereitete
Milch) *und zerpflücke Hühnerbrüste und tue die*
in die Mandelmilch. Und verrühre das mit Reis-
mehl und genügend Schmalz, und tue genug
Zucker daran.[35] Um die Mandelmilch zuzubereiten, nutzte man manchmal Ziegenmilch.
Blamensir kochte man auch aus Fischen und
servierte es meist in Weiß, zuweilen mit Safran
gelb oder mit Maul- oder Heidelbeeren braun
oder blau gefärbt.

An den Höfen genossen die Leibköche der Fürsten hohes
Ansehen, waren sie es doch, die neben den Leibärzten für
die Gesundheit des Herrschers und seiner Familie zu sorgen
hatten. Sie kannten sich in der Ernährungslehre bestens
aus und stellten sich auf die *Complexion* ihres Herren ein.
Durch eine bestimmte Auswahl von Lebensmitteln, die
dem Herrn zuträglich waren, und die reiche Verwendung
von Gewürzen und Zucker, die der geltenden Lehre nach
schlechte Eigenschaften bestimmter Lebensmittel ausglei-
chen, *temperieren* konnten, hatten sie die Gesundheit des
Herrn mit in der Hand. Die Verwendung von Gewürzen,
auch Küchenkräutern, war also nicht nur Statussymbol,
sondern half den Wohlhabenden dabei, gesund zu bleiben
und dennoch zu essen, wonach ihnen der Sinn stand.

Immer wieder finden sich in *Tischgesprächen* am Beispiel
von Kirschzweigen eindrucksvolle Äußerungen des Reformators über das von Gott eingesetzte ständige Werden und
Vergehen in der Natur. Gerne ging er mit seinen im Hause
lebenden Freunden und Schülern zum Kirschenpflücken.
In der alten *Säftelehre* gehören Sauerkirschen in ihrer
Complexion zum Kalten im dritten Grad und Trockenen im

zweiten Grad. Je saurer sie sind, umso besser. Sie sollen gegen die Schärfe der Galle helfen und den Magen stärken, indem sie dessen überflüssige Säfte austrocknen. Kirschen seien für Menschen mit warmer *Complexion* gut, für Kinder und Jugendliche und im Sommer. Die mittelalterliche *Diätik* warnte vor frischem Obst, das, von kalter Natur, dem Magen schädlich sei und allenfalls in Torten und Breien, aber stets vor Beginn der Mahlzeit zu essen sei.[36]

Angesichts der damals üblichen Kalorienzahlen scheinen uns heute mittelalterliche Aufrufe zur Mäßigkeit erstaunlich. Doch schon im ersten gedruckten Kochbuch hieß es über das Verhältnis von Essen und Gesundheit: *So bewahrt die Mäßigung die Gesundheit, denn alles, was den Leib betrifft, soll in Maßen geschehen.*[37]

> 1515 ließ der Türknecht und Kämmerer Degenhart Pfeffinger einen ungarischen Gulden zu einem goldenen Löffel gießen, in dem man Kurfürst Friedrichs *ertznei zu eynem beßen Zcane thutt.*[38]

Man war sich wohl bewusst, dass zu einer gesunden Lebensweise nicht nur Maßhalten beim Essen, sondern auch Bewegung gehörte. Für den späteren Wittenberger Stadtschreiber Andreas Meinhardi war es in seiner 1510 veröffentlichten Werbeschrift für die Wittenberger Universität eine Grundregel, dass man nach dem Essen spazieren gehe. Deshalb lobte er die Möglichkeit schöner Spaziergänge auf den Elbwiesen im Süden der Stadt.[39]

Als Luther 1518 zu Fuß nach Augsburg ging, wohin ihn der vom Papst entsandte Kardinal Cajetan geladen hatte, schrieb er am 10. Oktober seinem Freund Georg Spalatin über seine Fußreise: *wir aber kamen sehr ermattet am Dienstag in Augsburg an, und ich war durch den Weg fast alle geworden, denn ich hatte mir, ich weiß nicht was für ein schweres Magen-* *leiden zugezogen; aber ich bin wiederhergestellt.* Es gibt Berichte, denen zufolge er die letzten Kilometer vor Augsburg im Wagen zurücklegte, denn ihm sei *kurz vor der Stadt vollends recht heiß geworden und habe ihn ein Dämon mit vielen argen Gedanken gequält.* Man meinte damals gemeinhin, seine Magenbeschwerden seien nicht nur Ergebnis seiner seelischen Qualen gewesen, sondern durch die veränderte *Diät* auf der Reise hervorgerufen worden.[40]

> *... Eine nützliche Conserve, oder Salbeizucker* *bereiten, alle Maß und Gestalt durch Hacken* *oder stoßen, und Vermischung der Zuckers ...* *Die Consernen aus Salbeiblüten bereitet, stärkt* *den Magen und eröffnet die Verstopfung der inne-* *ren Glieder der Eingeweide und verzehrt alle* *schädlichen Stoffe und wässrige Feuchtigkeit im* *Magen und allen solchen Gliedern, die dann auch* *besonders davon gestärkt und gekräftigt werden.* *Sie dient auch für die Seele und Gebrechen des* *Gehirns und des Kopfes, die von Kälte verursacht* *werden, wie der große und kleine Schlag Apo-* *plexia vnd Parliß oder Lähmung (Schlaganfall,* *ESt) und was von Erkältung und Befeuchten des* *weißen Geäders oder Nerven von solchen und* *dergleichen Gebrechen verursacht werden.*[41]

Als Luther 1521/22 auf der Wartburg unter schweren Verstopfungen litt, führte man seine Beschwerden erneut auf das Essen zurück, denn die Speisen der Rittersleute entsprachen so gar nicht denen im Kloster. Nun häuften sich Ratschläge und Versuche, ihn von der Bibelübersetzung wegzuziehen und ihn zu Spaziergängen und Ausritten zu überreden, alles um seine *Hartleibigkeit* zu bekämpfen.

Luthers Leibgericht: Erbsenbrei mit Bratheringen:
Man weiche die Erbsen über Nacht ein und lasse
sie dann im Einweichwasser weich kochen. Sie
dürfen jetzt nicht platzen. Dann salzen, die Brühe
abgießen, aber für Suppen
aufbewahren und die Erbsen
gut abtropfen lassen. Dann
werden sie auf Backbleche
verteilt und im Ofen mehrere
Stunden gedörrt. Die nun
wieder harten Erbsen werden
nun zu Mehl gemahlen. Will
man Erbsenbrei servieren,
rührt man das Erbsenmehl
in einen Topf mit erwärmtem
Wasser oder Bier und schmeckt
die Masse mit Honig und Salz
ab. Für die Bratheringe lasse

Ein gesotten Stück vom Federvieh mit köstlich Honigsoß, gutem Erbsenmus und Wurzeln

man Salzheringe zwei Tage lang in Wasser aus-
laugen. Zunächst bedeckt man sie in einer Schüs-
sel ganz mit Wasser, das nach drei Stunden ge-
wechselt wird. Nun mit Essigwasser ansetzen und
stehen lassen. Nach einem Tag nochmals das
Wasser wechseln. Zur Zubereitung die Heringe
herausnehmen und trockentupfen. Innen und
außen leicht pfeffern. Die Heringe auf Holzspieße
stecken, an den Seiten flache Kerben anbringen
und die gespießten Heringe dann mehrfach in
Mehl wälzen. Überflüssiges Mehl abschütteln
und die Fische in Öl wälzen. Man kann sie nun
grillen und dann in einer gebutterten Auflauf-
form bei starker Hitze knusprig backen.[42]

Martin Luther ist bis zu seinem Tode häufig krank gewesen und musste immer wieder den medizinischen Rat der Medizinprofessoren seiner Universität, der Leibärzte des Kurfürsten, Philipp Melanchthons und seiner Frau Katharina in Anspruch nehmen. Dennoch hat er sich einmal auf wunderbare Weise durch dazu ungeeignet erscheinendes Essen selbst kuriert: Als er während der Verhandlungen in Schmalkalden schwer erkrankte (wahrscheinlich ein Nierenleiden), wollte man ihn, um sein Leben tief besorgt, zu den Ärzten an der Erfurter Universität bringen. Unterwegs ließ er sich sein angebliches Lieblingsessen servieren – Brathering mit Erbsenbrei – und genas wie durch ein Wunder.

In Italien wuchs nach 1550 die Überzeugung, eine strenge Diät könne zu einem gesunden und langen Leben führen. Großes Aufsehen erregten 1558 die in Padua erstmals erschienenen *Discorsi della vita sobria*, Gespräche vom mäßigen Leben, des damals 83-jährigen Luigi Cornario. Sie stießen auf gewaltiges Interesse, erreichten 15 Auflagen und dürften durch ihre Studienaufenthalte in Padua auch Wittenberger Medizinern bekannt geworden sein. Der als *Musterbeispiel von Individualisten in der Epoche der Renaissance* geltende Cornario pries darin die Freuden seines Alters und sah als gesundheitliche Voraussetzung für das Erreichen vieler Lebensjahre die Befolgung einer strengen Diät, zu der er sich, frühere Krankheiten überwindend, entschloss. In seinem Traktat führte er als Beweis für das Glück seines Alters an, wer ihn besuche, könne sehen, *wie ich ohne Hilfe zu Pferde steige, Treppen und Hügel hinauf laufe, wie ich lustig, amüsant und zufrieden bin, wie frei von Gemütssorgen und widerwärtigen Gedanken. Freude und Friede verlassen mich nicht ...* Er umgäbe sich stets mit anregenden Zeitgenossen, wohne abwechselnd in zwei prächtigen Villen, passend entworfen für den Genuss der Jahreszeiten,

reise viel, besuche Freunde und träfe dort Fachleute aller
Wissenssparten, höre nicht auf, von Eindrücken und aus
Begegnungen zu lernen, erfreue sich seiner elf gesunden
und gebildeten Enkel und habe kürzlich sogar eine Komö-
die verfasst, was man alten Leuten nicht mehr zutraue.
Cornario starb fast hundertjährig in Padua.[43]

2

Der Bruch des Fastengebots

Fasten bedeutet Enthaltung von Speisen und Getränken auf eine bestimmte Zeit. Die in den Zwischenzeiten zum Erhalt des Lebens erlaubten Speisen müssen von einfachster Beschaffenheit sein. Üblicherweise aß man Fische, Mehlspeisen und Gemüse und hatte Mühe, die üblichen täglichen Kalorienzahlen zu erreichen. Man sollte während der Fastenzeit besonders viel beten.

Nach dem Adventsfasten, das am Dreikönigstag endet, beginnt am Aschermittwoch das vierzigtägige Fasten vor Ostern. Fastenzeiten dienen der inneren Reinigung und Heiligung und Vorbereitung auf ein würdiges Fest.[44] Fastenzeiten galten als Geisterzeiten. Abergläubisch entwickelten die Menschen zu ihrem Schutz viele Bräuche. Geistergeschichten machten die Runde. In der Fastenzeit sollte man nicht heiraten, denn *Fastenhut deit selten gut.* Es hieß auch, dass während der Fastenzeit gekommene Freier vor der Hochzeit wieder verschwänden. Vielleicht entwickelte sich das Heiratsverbot in der Fastenzeit auch einfach aus dem Wunsch, aus Anlass von Hochzeiten auch Fleischspeisen essen zu wollen. Man sollte in keine neue Wohnung einziehen und die Betten nicht frisch beziehen, da einem sonst der Scharfrichter das Fell über die Ohren ziehen könnte. Man sollte Kinder jetzt nicht entwöhnen, da ihr Hunger in der Fastenzeit nicht zu stillen sei. Kleinkinder, Kinder unter zwölf Jahren und Kranke waren jedoch von den Fastengeboten ausgenommen. Im Brauchtum findet sich ein Konglomerat von mehr oder weniger verzweifelten Versuchen der Menschen, der Geisterwelt der Fastenzeiten etwas entgegensetzen zu können, und seien es 40 Tage in ungewaschener Bettwäsche.

Fastenkrapfen: Nimm ganze Nußkerne, schneide
ebensoviel Äpfel in Würfel von der Größe der Nuß-
kerne, röste sie gut mit ein wenig Honig, vermische
sie mit Gewürzen und gib sie auf die Teigböden,
die man für Krapfen bereitet. Laß sie backen und
versalze sie nicht.[45]

1427 buk der Hofkoch Heinrich Drasdow auf Schloss Har-
tenstein in Torgau erstmals zum Weihnachtsfest ein Fest-
tagsbrot/Christstollen aus hellem Weizenmehl, Honig und
Schmalz.[46] Weihnachten 1448 wurden im Wittenberger
Schloss *christbrote* und zu Lichtmess 1449 Gebäck gereicht.
Offenbar lud man trotz einer andauernden Fehde mit den
Brandenburgern auch mit *fastnach brieve* zu Fastnachtsfeier-
lichkeiten. Kurfürst Ernst und Herzog Albrecht schrieben
an Papst Innozenz VIII. und baten ihn, das Adventsfasten
brechen zu dürfen und Butter zum Backen der Weihnachtsstollen zu gestatten. Im Antwortschreiben heißt es: *Sintemalen*
nun, daß euretwegen für uns vorgegeben, daß in euren Herrschaf-
ten und Landen keine Ölbäume wachsen und daß man des Öles
nicht genug sondern viel zu wenig und nur stinkend habe, daß man
dann teuer kaufen muß oder solches Öl allda habe, das man aus
Rübsenöl macht das der Menschen Natur zuwider und unge-
sund, durch dessen Gebrauch die Einwohner der Lande in man-
cherlei Krankheit fallen. Als sind wir in den Dingen zu eurer
Bitte geneigt und bewilligen in päpstlicher Gewalt, inkraft dieses
Briefes, daß ihr, eure Weiber, Söhne und Töchter und alle eu-
ren wahren Diener und Hausgesinde der Butter anstatt des
Öles ohne einige Pön frei und ziemlich gebrauchen möget.[47]
Ernsts Sohn und Nachfolger Kurfürst Friedrich wollte um
1490 zur Förderung seiner Stadt Torgau an der Elbe dort
eine Elbebrücke errichten lassen. Die Finanzierung des Baus
gedachte er über *Butterbriefe* zu erreichen. Am 28. August
1490 wurde dafür in Rom eine *Dispensationsbulle* durch

Papst Innozenz VIII. unterzeichnet. Auf 20 Jahre sollte dem Kurfürsten und seinen Untertanen, die das zwölfte Lebensjahr vollendet hatten, erlaubt werden, in den Fastenzeiten verbotene Speisen zu essen. Jährlich hatte jeder Betroffene dafür einen Groschen zu zahlen. Nach zehn Jahren sollte ein Viertel aller Einnahmen nach Rom geschickt und dort zum Bau des Petersdomes verwendet werden. Die Päpstliche Bulle wurde auf Anweisung des Kurfürsten von allen Kanzeln verkündet, an den Kirchentüren angeschlagen und in Amts- und Stadtbücher eingetragen. Ihre Verlesung wurde jährlich wiederholt. Zur Aufnahme der Fastengroschen sollte in jeder Kirche ein mit Eisen beschlagener Holzkasten aufgestellt werden, der der Aufnahme der Gelder diente und *Butterkasten* genannt wurde. 1512 wurde dieser *Butterbrief* um 20 Jahre verlängert.[48] Im Juni 1497 lies Kurfürst Friedrich auf dem sächsischen Ständetag in Naumburg eine neue Landesordnung erlassen. Darin wurde angeordnet: *An Fasten- und Feiertagen darf bis nach der Vesper niemand in den Wirtshäusern sitzen und an allen Tagen wird das Trinken, Tanzen, Spielen abends um 9 Uhr beendet.* Am 21. Januar 1503, also vor der Bestätigung der Wittenberger Universität durch die Kurie, verkaufte Kardinallegat Raimund Peraudi Kurfürst Friedrich einen *Butterbrief,* der den Wittenberger Universitätsangehörigen erlaubte, während der Fastenzeit Milchspeisen und Käse zu essen.[49]

Willst du eine feine Speise bereiten, so schlage einen dünnen Teig von Eiern und weißem Mehl, mache ihn mit geriebenem Weißbrot fest. Schäle saure Äpfel, schneide sie gröber als den Speck zu Hühnern und mische sie darunter. Nimm den Teig löffelweise heraus, backe ihn in Schmalz, oder, wenn gerade kein Fleischtag ist, in Butter. Dann trage es auf.[50]

Das Fastengebot wurde schon lange vor Beginn der Reformation nicht nur in Kursachsen, sondern auch in anderen europäischen Ländern immer weiter gelockert. Davon zeugt auch ein Streit unter Augustinermönchen, der 1510 zu Luthers Romreise führte. Der Streit um die Lockerung der Ordensregeln und die Erlaubnis, in Fastenzeiten Fleisch essen zu dürfen, entzweite 1510 die mitteldeutschen Augustinerklöster. Luthers Kloster in Erfurt war strikt dagegen. Im November des genannten Jahres wanderten er und ein älterer Augustinermönch, mit zehn Goldgulden Reisegeld ausgestattet, als Unterhändler der Augustinerklöster Erfurt und Nürnberg von Nürnberg nach Rom. Sie sollten die Erlaubnis ihres Ordensgenerals Aegidius von Viterbo für eine Appellation an den Papst erlangen.[51] Es gelang ihnen nicht, und sie mussten unverrichteter Dinge heimkehren. Der Romaufenthalt und die Pilgern dort vorgeschriebene Wallfahrt zur Erlangung von Ablässen haben auf Luther großen Eindruck gemacht, standen ihm zeit seines Lebens in seiner strikten Ablehnung des Papsttums vor Augen.

Nach seiner Italienreise wurde ihm immer bewusster, dass einzig der Glaube an den Gekreuzigten die Erlösung für den sich vor dem Fegefeuer und dem strafenden Gottesgericht fürchtenden Gläubigen bringen könne. Alles Tun des Menschen helfe ihm dabei nicht.

1520 mahnte er in seinem Buch *Von der Freiheit eines Christenmenschen: Ich rate dir aber, wenn du etwas stiften, beten, fasten willst, tue es nicht in der Absicht, daß du dir etwas Gutes tun willst, sondern gib es frei dahin, damit andere Leute es genießen können, und tue es ihnen zugute, so bist du ein rechter Christ. Was sollen dir deine Güter und guten Werke, die dir übrigbleiben, deinen Leib zu regieren und zu versorgen, wenn du genug im Glauben hast, in dem dir Gott alle Dinge gegeben hat?*

Von der Freyheyt
eynis Christen
menschen.

Martinus Luther.

Buittembergae.
Anno Domini
1 5 2 0.

Diese in Wittenberg gedruckte Ausgabe von
Luthers Schrift ist mit einer Holzschnitt-Titel-
einfassung aus der Cranach-Werkstatt
geschmückt, die u. a. einen Trinker darstellt und
damit auf ein schweres gesellschaftliches
Problem der Lutherzeit hinweist. Luther und
seine Freunde forderten immer wieder
Menschen aller Stände zur Mäßigkeit beim
Essen und Trinken auf.

Dem jungen sächsischen Kurprinzen Johann Friedrich schrieb er am
18. Juni 1524 über die Dinge, die
wohl die Weltlichkeit, aber nie die
Geistlichkeit zu regeln habe, da sie
durch das Evangelium nicht geregelt
sind: *Weil aber solch weltlich Rechten
ein äußerlich Ding ist, wie Essen und
Trinken, Kleider und Haus, gehen sie
die Christen nichts an, welche durch
Gottes Geist nach dem Evangelio re-
giert werden. ... Wir sind schuldig, die
Recht zu halten die unser Oberkeit und
Nachbarn halten.*[52] Frei nach dem vier-
ten Gebot könnte man auch formu-
lieren, dass wir Menschen schuldig
sind, die Obrigkeit zu ehren, so wie
wir schuldig sind, Vater und Mutter
zu ehren. Die Geistlichkeit ist zu-
ständig für alles, was im Evangelium
steht und zum Gesetz erhoben wurde, nicht aber für Essen, Trinken,
Kleidung und Wohnen.

Die Esskultur gehört zu den Dingen im Leben, die in der Kindheit
erlernt, tradiert und beibehalten werden. Luther wusste:
Man darf nichts übers Knie brechen. Es braucht Zeit und
Geduld, will man alte Bräuche abschaffen und Traditionen
überwinden. Er gab sie sich und später seiner Familie und
seinen Kostgängern. Wir wissen, dass Luther die Fastenzeiten in seinem Hause einschränkte, sie aber auch weiter
für sich und seine Angehörigen nutzte, um sich geistig auf
die kommenden Hochfeste Weihnachten und Ostern vor-
zubereiten. In der Auslegung des 147. Psalms beschreibt

Luther 1532 die Vorbereitung und Bescherung der Kinder in der Weihnachtszeit: *gleichwie man die kindlin gewenet, das sie fasten und beten und jr kleiderlin des nachtes ausbreiten, das jn das Christkindlin odder Sanct Nicolas bescheren sol, Wo sie aber nicht beten, nichts bescheret odder eine rute und pferdeopfel bescheret.*[53]

Und doch war *eine Erschütterung der europäischen Esskultur ... die Folge, Jahrhunderte vorgeschriebene Fastenzeiten hatten die Menschen daran gewöhnt, Fleisch durch Fisch und tierische Fette durch Pflanzenöl zu ersetzen. Die »Fraktion der Fleischesser« begann nun, ihre Ernährungsweise beinahe wie das Symbol einer neuen Freiheit zu betrachten und zu propagieren. In den altkirchlich bleibenden Gebieten dagegen achtete man von nun an verschärft auf die Einhaltung der Fastengebote. Auch als Reaktion auf die Ereignisse der Reformation zeichnete sich innerhalb der nachtridentinischen Kirche das folgenreiche Verlangen ab, das Privatleben der Menschen zu kontrollieren.*[54]

Essen gilt den Menschen gemeinhin noch heute als sehr privat. Zu einem Essen in eine Familie eingeladen zu werden, war und ist als hohe Ehre und Zeichen für Vertrauen einzuschätzen. Dennoch gab es selbst in der Lutherzeit den Brauch, in Anwesenheit von Gästen besonders gut aufzutischen oder sich eben besonders eng an Speisegebote zu halten. Das führte mitunter dazu, dass selbst bei ihren Besuchen immer gut bewirtete Eltern eines Paares nicht einmal ahnten, dass ihre Kinder im Alltag bei Weitem nicht derart gut lebten, womöglich für sie unter Aufbietung aller finanziellen Kräfte der Familie aufgetischt wurde. In vielen Kulturen gilt das als Zeichen für Gastfreundschaft, doch es kann auch ein Zeichen für soziale Kontrolle und Einforderung von Prestige sein. Als im Februar 1534 Luthers einzige noch lebende Schwester zu Besuch kam, beschaffte die Lutherin aus den kurfürstlichen Teichen Hechte für ein besonderes Mahl zu Ehren der Schwägerin.[55]

Hecht in polnischer Brühe: Der Hecht wird in Salzwasser gekocht, danach zieht man ihm die Haut ab und legt ihn in einen Kessel. Dann kocht man Erbsen mit Zwiebeln, sofern man sie mag, seiht das zusammen mit Wein durch ein Tuch und gießt es über den Hecht. Dazu kommen schließlich gehackte Limonen, Muskat, Ingwer, Zimt, Safran, Zucker und drei bis vier Eidotter. Wenn die Tunke nicht dick genug sein sollte, bestreut man den Fisch vor dem Auftragen mit geriebenem Brot, und außerdem mit Zucker und Zimt.[56]

Luthers Schriften über die *Werkgerechtigkeit* führten durch die Abschaffung von Altarstiftungen und Privatmessen zum Verlust vieler hoch qualifizierter Handwerksberufe. Maler, Kerzenzieher, Glockengießer klagten ihn darum in vielen deutschen Ländern an. Aber auch die Fischer und besonders die Flussfischer erlebten einen gewaltigen Schwund des Kaufinteresses. Doch Fische liefern viel Eiweiß, und Lebensmittel waren knapp. Darum verschwanden sie auch nach dem Fall des Fastengebotes nicht völlig vom Küchenplan der Hausfrauen. In Wittenberg registrierte man 1524/25 *261 to Heringe; 131,5 to, 17 Fassungen Flumfische in 3 Fässern und 14 Körben; 45 to, 3 Planen Hechte; 8 to, 1 Fass, 1 Kocher Kulphechte; 7 to Kulper; 26 to auf 2 Pferdetransporten Stockfische; 79 Fässer, 18 Fassungen, 7 Körbe und zwei Pferdetransporte Fische; 1 Fass, 2 Pferdetransporte aus Stettin mit »dreuge« Fischen* (Trockenfische, sicherlich Stockfische); *6 ß Bleifische und 35 Pferdetransporte Krebse.* Am 19. April 1525 passierte ein Thebus Wolf aus Werden gehörender Transport mit 4 Fässern Fischöl, von denen 2 Fässer *dem Bischof von Salzburg zugeführt* werden sollten, die Stadt. Die Transporte kamen mit 241 Pferden über Marzahna, mit 218 Pferden über Niemegk und 102 Pferden über Zahna durch Wittenberg.[57]

Der Reformator hat durch seine Ideen in alle Bereiche des Lebens hineingewirkt, das Leben und die Möglichkeit zum Broterwerb vieler Menschen völlig verändert. Aber er hat auch immer wieder darauf hingewiesen, dass man den Gemütszustand der Gläubigen bei allen Veränderungen berücksichtigen und vorsichtig vorgehen muss.

Klage der Geistlichen und Handwerker über Luther, Holzschnitt von Hieronymus Höltzel um 1524 (links am Bildrand: ein Fischköcher)

In seiner *Vermahnung aller Geistlichen* erstellte er 1530 eine lange Liste von Bräuchen, die jetzt abgeschafft werden müssten. Auf der Liste erschienen unter vielen anderen *Maria zur gemeinen Abgöttin gemacht mit unzähligem Dienst, Feier, Fasten, Gesänge, Antiphon; Butterbriefe; unzählige Reliquien; unzählige Bruderschaften; eheloses Leben; Kirchweihen; Unterschied der Speise; letzte Ölung zum Tode, nicht zur Gesundheit; 29 Sakrament der Ehe; Kirchen. Capellen. Altaria. Altartucher. Lichter. Leuchter. Bilder. Tafeln. Krucifix. Kerzen. Fahnen. Räucherfässer. Tauffsteine. Monstranzen. Kelche. Und alles uber die notturfft, allein als ein sonderlichen Gottesdienst widder den glauben. Orgeln. Glocken. Weywasser. Weysaltz. Würtz (Gewürze). Und allerley speise Inn der Fasten. Ascher mittwoch. Hungertücher. Bilder verhüllen. Fasten halten, ausgenommen*

55

die Pfaffen ... Fladen weihen, am Ostertage. Kirchweihe und Patronatsfeste. Gemein wochen. Quatemberfasten; S. Martens gans. (Martinsgans) ... Haferweihe zu S. Stephan Johannistrunk; Lichtmess und Wachsmarkt ...[58]

Schützenfeste und Ratsessen

Vertreter aller Stände, Alte und Junge, Gesunde und Kranke liebten auch außerhalb der Fastenzeiten nicht nur das beschriebene weiße *Blancmanger*, sondern alle Hühner-, Geflügel- und Eierspeisen. Angeblich gehörten sie und die Geflügelzucht, der sich schon Karl der Große in seinen Capitularien gewidmet hatte, *zum Werden Europas ebenso wie der Rezeptaustausch von Hühnerbrühen.*[59]

Ein Eiergericht (mit Varianten für die Fastenküche und die Fleischküche). *Koche Eier in Wasser so lange, bis das Eiweiß fest ist und der Dotter noch weich. Nimm sie dann heraus, schlage sie an den Spitzen auf, lass das Eigelb herauslaufen in eine Pfanne, füge Schmalz oder Öl hinzu und verrühre es miteinander auf dem Feuer bis es fest wird. Gib es nun auf einen ande-*

ren sauberen Teller, hacke es fein, füge einen Löffel Zimt, Safran, soviel wie eine Bohne, einen Löffel Gewürzkörner, Zucker und etwas Salz hinzu, vermische es miteinander, dann schlage zwei rohe Eier daran, verrühre es und fülle es wieder in die Eierschalen, in denen das Weiße geblieben ist. Tu die Eier in heißes Wasser, lass sie kochen bis sie hart werden. Danach schäle sie sauber ab. – Bereite einen dünnen Eierteig mit Safran und Zucker, in ihm wende die geschälten Eier, dann brate sie der Pfanne. – Oder aber stecke sie, bevor du sie brätst, an einen Spieß und bräune sie auf einem Rost. Lass ein Eidotter darüber laufen und bestreue sie mit Ingwer. Reiche sie als ein Gebrät in einer feinen mit Pfeffer gewürzten Tunke.[60]

1477 wurden auf dem Wittenberger Schützenfest laut Rechnung sieben Groschen für Eierteig, Butterfladen und Eierkuchen, die dem Magistrat, dem Amtsschosser und den Frauen zur Ehrerbietung gereicht wurden, ausgegeben.

Gefüllte Eierkuchen mit Geflügelresten und Preiselbeeren. Bereite aus Mehl, Eiern, Milch, Salz und gewiegten Kräutern einen nicht zu flüssigen Eierkuchenteig. Backe in heißem Fett acht kleine Eierkuchen und stelle sie warm. Du kannst Geflügelfleisch fein zerschneiden, mit gewürfeltem Speck und Eiern zu einer Farce verarbeiten und mit Salz, Pfeffer, Petersilie, Kerbel, Thymian und Apfelbranntwein abschmecken. Verteile die Füllung auf die Mitte von 4 Eierkuchen und lege die übrigen als Deckel auf sie. Dann backe sie. Serviere sie mit einem Mus aus Preiselbeeren.[61]

Als Kurfürst Friedrich zwischen 1491 und 1494 einmal den Fortgang seines gerade begonnenen Baus des prächtigen Wittenberger Schlosses inspizieren wollte und dazu in die Stadt kam, suchte er nach fürstlicher Zerstreuung. Er befahl dem Rat der Stadt, in seinem Ratssaal im Rathaus einen Tanz zu veranstalten. Dazu lud man die Jungfrauen und Frauen der Stadt ein, und der Rat bewirtete sie zu Ehren des Landesherrn auf seine Kosten mit Bier: *Item iij Groschen den Frawen vnd Jungfraven bier geschanckt als sie vnserem g.H. zcu gefallen zcum tantze sint gebeten.*[62]

Am 30. Januar 1530 berichtete Stadtschreiber Urban Balduin dem Zwickauer Stadtschreiber Stephan Roth, die Wahl des Juristen Philipp Reichenbach zum Bürgermeister wurde am 28. Januar 1530 *durch den Churfürstlichen bestettigsbriff offentlich publiciret, vnd Ehr zusampt den andern rathshern ... als newen eingeschworen,* darunter Magister Kilian Goldstein und Hieronymus Krappe.[63] Am Sonntag nach Mariae Lichtmess im Februar 1530 wurde aus diesem Anlass ein Festessen für alle Ratsmitglieder des neuen regierenden Rates und der beiden sitzenden Räte veranstaltet, zu dem *auch etliche Hern von der Vniersitet Zu gaste gebeten worden.* Für die Lebensmittel verausgabte der Kämmerer insgesamt 8 Schock, 6 Groschen und 3 Pfennige.[64] Die Rechnung ist ein gutes Beispiel für ein jahreszeitlich beeinflusstes Festessen nach dem Bruch des Fastengebots.

Lebensmittel für das Festessen des Wittenberger Rates im Februar 1530:
20 Groschen für 4 Schock Eier (1 Schock = 60 Stück), für jedes Schock 5 Groschen
4 Groschen für 6 Säcke Kohlen
6 Groschen 4 Pfennige für 1 Fuder Brennholz
6 Pfennige für *petter Zielgen* ...
6 Groschen für 4 Ochsenzungen

32 Groschen 1 Pfennig für Rindfleisch
17 Groschen 8 Pfennige für Kalbfleisch
1 Schock 3 Groschen für Hechte …
42 Groschen *den von resen* und 21 Groschen …
dem Fischer mit dem bothelohn
13 Groschen für 3 Hasen
2 Groschen *vor gleser* (??)
52 Groschen 8 Pfennige für Speck
6 Pfennige für *Kresse* (Brunnenkresse?)
13 Pfennige für Meerrettich
10 Groschen 6 Pfennige *vor jx ll geschmeltzte*
putter
3 Groschen 4 Pfennige für 4 Kannen Wein
domit die Fische gesottenn.

Dieser Speisezettel aus der Fastnachtszeit mit einer Vielzahl Eier, Ochsenzungen, Rind- und Kalbfleisch, Hechten, Hasen, Speck, Butterschmalz, Wein zum Dünsten der Fische, Kresse und Meerrettich zeigt die Vielfalt der gehobenen Küche im Wittenberg des 16. Jahrhunderts. Ungewöhnlicherweise fehlen Brot und Semmeln, auch Wein und Bier, die offenbar nicht auf diese Kämmereirechnung kommen sollten. Für Ochsenzungen, Kalb- und Rindfleisch bezahlte man nur etwas mehr als für Speck. Mit Abstand am teuersten waren die Hechte. Um qualitätvollen Fisch auf den Tisch bringen zu können, scheute man sich nicht, *den von resen,* einem kleinen anhaltischen Dorf an der Grenze zu Kursachsen, zusätzlich zum Preis für die exklusiven Hechte 42 Groschen zu zahlen, einen Boten zum Fischer zu schicken und beiden zusammen nochmals 21 Groschen zu zahlen.

Eine weiße Gallert (Sülze) von Hechten zu machen.
Nimm und schuppe den Hecht aufs Allerfeinste,
wie du es kannst, haue ihn in Stücken, wirf

*dieselben in einen Kessel, gieß guten Wein, Mal-
vasier, drauf und setze den Kessel ans Feuer. Dann
tue ganze geschälte Äpfel hinein, etwa sechs Stück,
und ganze geschälte Zwiebeln. Nimm eine Hand
voll ganzen Pfeffer und wasche ihn rein aus und
binde ihn in ein reines Tuch, dann wirf ihn in
den Kessel zu dem Anderen. Alsbald nimm Hausenblase, die recht weiß ist und lege sie auch in
den Kessel. Dann lass alles langsam aufsieden
und schäume es rein ab. Und wenn es hübsch
aufsiedet, nimm kaltes reines Wasser und gieß es
auf den Hecht und wasche den Hecht rein aus
und lege ihn wiederum in den Kessel zu dem
Anderen. Ist dann zu wenig Sud da, so nimm zu
Hilfe einen guten Wein oder Malvasier und lass
es wohl sieden. Wenn dich dann dünkt, dass es
genug hat, so nimm einen weißen Ingwer und
würze den Hecht damit ab. Koste, wie es schmeckt,
und sollte es nicht süße genug sein, so lege die
Fische fein auf eine Schüssel, doch dass nichts
dazu kommt von den Äpfeln und Zwiebeln, und
lass den Sud durch ein reines Tuch laufen. Gieß
ihn danach auf die Fische und lass es fein gäschen
oder gerinnen. Willst du es dann aufgeben, so
bestecke es mit Zimmet und nimm schöne Mandeln, nimm deren Schalen weg, wasche die Mandeln in reinem Wasser und schneid eine jede
halb entzwei nach der Lange, damit bestecke die
Gallerte und gib sie hin.*[65]

Die Bürger der Stadt Wittenberg und der Rat lebten im
Bewusstsein, ihre Stadt nehme eine besondere Stellung
unter den Städten Kursachsens ein. Wittenberger Ratsherren sahen sich in der Ständegesellschaft über der üblichen

Bürgerschaft Kursachsens und stellten das auch in ihren offiziellen Festessen dar. Stadträte setzten sich aus dem regierenden Rat und zwei sitzenden Räten zusammen, die jeweils aus neun Mitgliedern bestanden. Zu diesen 27 Herren kamen noch der Stadtschreiber und zu diesem Festessen, als Gäste, einige Professoren der Wittenberger Universität. Auch unter den anwesenden Bürgermeistern und Ratsherren waren einige an Universitäten gebildete Herren. Das war in Wittenberg längst üblich geworden und sollte auch noch lange Zeit so bleiben. An diesem Ratsessen dürften also mindestens 35 Männer teilgenommen haben, ihre Ehefrauen werden nicht erwähnt. Es fand offenbar im Rathaus statt. Wer gekocht hat, wird nicht deutlich. Doch man überlege sich die vielen Gänge mit in Wein gesottenen Fischen, Rindfleisch, Kalbfleisch, Hasen, aus einer Vielzahl von Eiern usw., und das für mindestens 35 standesbewusste Feinschmecker und in einer Schwarzen Küche zubereitet! Offenbar benutzte man für die Getränke eigene Gläser, denn man musste Gläser zukaufen. Zum Feuern benötigte man sechs Säcke Kohlen und ein Fuder Brennholz. Selbst wenn man annimmt, dass das Brennmaterial zum Teil eingelagert wurde, wundert es nicht, dass man im 16. Jahrhundert in eine Energiekrise geriet. Riesige Wälder wurden durch die fortschreitende Industrialisierung, Bergbau, Bauwesen, Schiffsbau, Handwerkszeuge aus Holz, Holzfässer für alle möglichen Zwecke und natürlich für den Heiz- und Küchenbedarf aufgebraucht!

Willst du ein gutes Gericht aus einer Ochsenzunge machen, so nimm eine gute Rinderzunge und schneide sie hinten ab und koch sie richtig in Wasser, dem Pfefferkörner und Lorbeer hinzugefügt wurden. Und wenn sie gar gekocht ist, so nimm sie heraus und lass sie abkühlen und

häute sie fein säuberlich und schneide sie dann in Scheiben und die leg auf ein Rost und lass sie darauf trocknen/rösten. Und sieh zu, dass du Butter in einer Pfanne hast, und röste Zwiebeln darin schön gar, und tu Wein und Essig hinein und würz es dann mit guten Gewürzen (Pfeffer, Salz). Und leg die gebratenen Scheiben in Eierpfannkuchen und gieß das Gewürz darüber und serviere sie.[66]

Küchenmeisterei, zeitgenössischer Holzschnitt. Die Hausfrau überwacht die Arbeit der Köche.

120 Birnen, dazu Äpfel, Walnüsse und Haselnüsse erscheinen auf der Rechnung des Rates für ein weiteres Festessen der Herren im Herbst 1530. Bürgermeister Dr. jur. Philipp Reichenbach beschaffte offenbar einen Rehbock und zwei Hasen. Dafür zahlte man ihm 20 Groschen. Außerdem bezahlte man Beerenessig (Obstessig), Salz, Mehl, zwei Kapaune – die kastrierten und gemästeten Hähne galten als besondere Delikatesse – und immerhin 23 Groschen für Brot und Semmeln. Veredelt wurde das Mahl durch Zucker, Mandeln, Rosinen, Kapern und sogar Oliven. Man überließ *vrban Koch* die Zubereitung und zahlte ihm dafür sieben Groschen *Trinckgelde*. Immerhin sieben Groschen und vier Pfennige gingen auf das Bier aus dem ratseigenen *stadtkeller*. Interessant ist ein Posten von sechs Pfennigen für *Hausenblesenn* – Hausenblasen stammen von Stören, Fischen, die in der Elbe heimisch waren. Die Blasen lösen sich zum Beispiel in Weinsäure und wurden zum Klären und Schönen von Wein und Bier eingesetzt. Der Geschmack wird dadurch nicht verändert, ein Naturprodukt, das man im jüdischen Weinbau noch heute finden kann. Im 16. Jahrhundert

liebte man *Gallerte*, Sülzen, wozu man die Blasen ebenfalls brauchte. *Siede die Fische oder Fleisch ab und mache das Sod wol schleimig mit Hausenblase, würze es ab mit allerlei Würze und lege das auf dieses Fleisch oder Fische und geuß darauf dieses Sod und setze es hin daß sie gerinne*, empfiehlt das Kloster-Kochbuch.[67] Sieben Groschen bezahlte man für neue Töpfe und weitere sieben Groschen für *lichte*.

> *Eine andere lautere Gallart* (Sülze) *von Fischen oder Fleisch zu machen. Du kannst auch eine sehr schöne lautere Gallart machen von Fischen oder Fleisch. Gebrauche dazu Hausenblase. Wenn du es auf die Schüssel legen willst, so lass das Sod eine Weile stehen, dass es sich setzt, dann nimm das Oberste in die Schüssel, lass es drin gerinnen, bestecke es mit Mandelkernen und streue Roincken drauf, vergülde es, ziere es wol und du wirst haben eine trefflich lautere Gallerten. Die gieb dann hin.*[68]

Wir erinnern uns, Luther hatte schon 1520 geschrieben: *Es wechst uns yhe von gottis gnaden mehr essen und trincken, und szo kostlich und gut, als yrgent einem andern land.*[69] Um 1530 nannte er in seinen Predigten als von Wittenberger Bürgern gehaltene Haustiere: Pferde, Kühe, Schweine, Schafe, Hühner, Gänse, Enten, Tauben, Hunde und Esel.

> *Auf eine andere Art Birnen anzurichten. Willst du die Birnen auf eine andere Art anrichten so mache einen dünnen Teig von Eiern und Mehl, ziehe die Birnen im Teige und mache sie in einer Butter dass sie hübsch braun werden. Darauf mache einen Braunen Sod von Wein oder Pfefferkuchen, würze es ab mit allerlei Würze und gibs hin.*[70]

63

Luther als Kurrende-
sänger bei Frau
Cotta in Eisenach,
die die Kinder auch
mit Essen versorgt,
Buchillustration aus
dem 19. Jahrhundert

Doch ging um 1530 eine große Teuerungswelle übers Land und verursachte auch in Wittenberg große Not. Kurfürst Johann wurde im genannten Jahr vom Rat darüber informiert, dass die Kosten des Bierbrauens durch die Teuerung sehr gestiegen seien und Arme und Gemeine sich dabei kaum erhalten könnten. Pro Ansatz würde die Zahlung von drei Hellern/Pfennigen verlangt. Der Kurfürst appellierte in seiner Antwort an die Geduld der Bürger, Gott wird die Lage wenden.[71] Wir wissen nicht, ob es in einem Mordfall in der Fleischerinnung Zusammenhänge mit der Teuerung von Lebensmitteln gegeben hat. Doch es ist schon auffällig, dass ausgerechnet 1530 ein Fleischer seinen Berufskollegen Wolf Kreis erstach. Dem Mörder wurde, nach Eingreifen von Kurfürst Johann, »nur« die rechte Hand abgeschlagen und er dann des Landes verwiesen.[72]

Um die Not ein wenig zu steuern, hatte der Kurfürst am 6. Februar 1530 angeordnet, dass dort, wo Schullehrer vorhanden waren, die armen Schüler wieder wie früher vor den Türen singen durften (Kurrende), um sich zum Studium ein Almosen zu verschaffen, denn der arme Mann scheute Studienkosten für seine Kinder, und man wollte einem Mangel an Studenten vorbeugen.[73]

1530 ist auch das Jahr des Reichstages in Augsburg, auf dem mit der *Confessio Augustana* das erste grundlegende Glaubensbekenntnis der inzwischen als Protestanten bezeichneten Lutheraner überreicht wurde. Luther durfte nicht mit nach Augsburg reisen, weil sein Leben durch Acht und Bann außerhalb Kursachsens stark gefährdet war. Er verfolgte auf der Coburg das Geschehen und teilte seiner Frau Katharina am 8. September mit, er habe für seinen inzwischen vierjährigen Sohn Hänschen in Nürnberg durch Cyriacus Kaufmann ein Buch aus Zucker erwerben lassen.[74] Mit seinem süßen Geschenk wollte er das Kind zum Lernen anregen, denn es war nun alt genug, um unterrichtet zu werden. Wir haben hier nicht nur einen frühen Beleg für süße Geschenke zum Schulanfang, sondern gleichzeitig einen für die Nürnberger Zuckerbäcker. Figuren aus Zucker zu formen, geriet zur hohen Kunst und wurde auf den Tischen der Reichen immer beliebter. Geformte Zuckerfiguren waren teuer und ungewöhnlich und zeigen Luthers Liebe zu seinen Kindern. Gerade zu seinem 47. Geburtstag am 10. November (Martini) 1530 kehrten die inzwischen wiedervereinten Wittenberger Gelehrten und ihre Begleitung vom Reichstag nach Wittenberg zurück und wurden mit einem Festessen und Willkommenstrunk vom Rat empfangen.[75]

In seiner *Vermahnung an die Geistlichen* erwähnte er 1530, es sei üblich, dass jeder Hausvater zu Martini mit seinem Hausgesinde eine Gans verspeise. Habe er genügend Geld, so kaufe er zum Essen auch noch Wein oder Met. Alle Essenden würden St. Martin loben, indem sie sich richtig satt äßen und tränken und sängen.[76]

Aus dem Jahre 1530 haben wir noch eine Aussage Luthers über das Essen. Am Nachmittag des ersten Adventssonntages, dem 27. November, predigte Luther in der Stadtkirche über die Epistel Paulus an die Römer und mahnte die versammelte Gemeinde: *Er heissets aber fressen, denn*

essen und trincken ist nicht verboten, daß man den Leib erhalte und gebe ihm sein futter, solchs hat Gott also geordnet und seine Creaturen dazu gegeben. Sondern das schwelgen mit fressen und sauffen ist verboten, wenn man es also treibet, als were man darzu erschaffen und geboren.[77] Wir erinnern uns an die genannte Teuerungswelle des Jahres, während der viele Menschen nicht wussten, wie sie das tägliche Brot auf den Tisch bekommen sollten. Die soziale Differenzierung war unter den Wittenberger Bürgern vorangeschritten.

1538 belegte der Rat der Stadt Wittenberg die *Meister des Bäckerhandwerks* mit einem Bußgeld, weil sie *Gemeyne Stadt mit brodt vnnd Semeln nicht genugsam versorgett* hatten. Auch die Fleischer wurden bestraft. Sie brächten minderwertiges Fleisch auf den Markt, während *die guten kelber ... in den heusern verzukt und verkeufft* würden und gar nicht erst *vff den markt* gebracht würden. Auf diese Weise hatten die Fleischer höhere Preise erzielt. 1538 klagte der Rat der Stadt Wittenberg auch, etliche Brauer gäben *Kofent* für Bier aus und verschlechterten die Bierqualität, die inzwischen so schlecht sei, *das viel gesellen jung und alt krank davon werden.* Der Grund für ihr Treiben sei, dass die Brauer selbst in der *tewren zeit gewinn haben wollen, ... item sie machens gering und steigen dennoch.* Zudem wurde festgestellt, dass die Bierfässer für die Universität schlecht geeicht wären und sie statt zehn Eimern Bier jeweils nur neuneinhalb Eimer enthielten. Doch der Rat der Stadt wurde gegen die die

Teuerung verschärfenden Lebensmittelhändler erst richtig aktiv, als der Kurfürst ihn scharf angriff, weil *solche beschwerungen unser universitet ein merklichen abfalh mit der zeit einfuren. Und bringen wurde, wo nicht geburlich einsehen derhalben bescheen solt.* Eine neue Marktordnung konnte die Probleme auf Dauer nicht beheben.[78] Als Licentiat Philipp Reichenbach am Ende einer weiteren Amtszeit als Bürgermeister 1539/40 ein Essen gab, war diese Teuerung noch nicht völlig abgeebbt. Das Festmahl fand am Abend des 12. Februar 1540 (Donnerstag nach Aschermittwoch) in seinem Hause in der Bürgermeisterstraße auf Kosten des Rates als *Collation* für die Mitglieder aller drei Räte und ihre Ehefrauen statt.

Städte wurden im Mittelalter selbständig durch einen aus Bürgern bestehenden Rat verwaltet, der sich aus dazu gewählten Handwerksmeistern, in der Universitätsstadt Wittenberg auch aus dazu gewählten ausgebildeten Juristen zusammensetzte. Die Ratsmitglieder erhielten für ihre Tätigkeit keine Bezahlung, sondern Auslösegelder, wie wir heute sagen würden. Sie waren relativ wohlhabend und arbeiteten neben der zeitintensiven Ratstätigkeit in ihren Berufen weiter. Um sie nicht über Gebühr zu belasten, setzte sich der Rat jeweils aus einem regierenden und zwei sitzenden Räten zusammen, die sich jährlich abwechselten. Man war also alle drei Jahre aktiv tätig und die übrigen Jahre beratend. Die Ratszugehörigkeit war meist lebenslänglich und man übte, wie heutige Politiker, verschiedene Positionen aus. Lucas Cranach d. Ä. war in Wittenberg mehrfach Kämmerer, aber auch Bürgermeister. Er und seine Frau haben an diesem fröhlichen Abend nach Aschermittwoch, also eigentlich in der Fastenzeit, teilgenommen. Schaut man sich die Rechnung an, merkt man rasch – da hatte sich etwas verändert. Die Ratsherren nahmen keine Rücksicht mehr auf das alte Fastengebot, aßen auch in der Passionsfastenzeit

Gelage reicher Bürger
und ihrer Frauen,
Holzschnitt des
Petrarca-Meisters,
Augsburg 1530

Fleisch. Die vegetarische Fastenküche war gefallen und
geriet nun in Vergessenheit. Zu den Besonderheiten dieser
Abrechnung in den Kämmereirechnungen des Wittenberger
Rates gehört der ausdrückliche Hinweis auf die Teilnahme
der Ehefrauen der Ratsmitglieder. Am Luthertisch werden
Frauen nur äußerst selten erwähnt, und man fragt sich
manchmal, wurden wirklich nur die männlichen Freunde
geladen oder hielt man die Teilnahme der Ehefrauen einfach nicht für erwähnenswert? Besonders in humanisti-
schen Kreisen diskutierte man damals die Rolle der Frau.
Die Wittenberger Theologen hatten alle geheiratet und waren
mitten in der Diskussion um alle möglichen Fragen zur
Ehe und Rolle der Frauen und Töchter, die in der neuen
Mädchenschule oder zu Hause von Hauslehrern unterrichtet wurden und nicht nur in die Küche gedrängt werden
sollten.

An diesem Essen nach Aschermittwoch 1540 jedenfalls
waren die Frauen der Ratsherren und Bürgermeister aller
drei Räte anwesend. Offenbar wurde der illustre Kreis von
einem dafür extra bezahlten Boten des Rates geladen. Das
Essen wurde von der Ehefrau des Bürgermeisters Reichen-

bach und ihrem Gesinde zubereitet. Sie erhielten für ihre
Mühe, ähnlich dem Koch Urban 1530, ein Trinkgeld, wurden also wie der Fachmann entlohnt.

> Auf der Liste der 1540 vom Rat bezahlten
> Kohlen und Lebensmittel für dieses Essen
> finden sich:
>> Brot und Semmeln
>> Butter
>> Kalbfleisch
>> eine Ochsenzunge
>> *Grün Kraut* (Grünkohl)
>> Meerrettich
>> Wildschwein
>> *Freibergisch Bier*
>> 120 Eier
>> und aus Cranachs Apotheke Gewürze
>> und Wein (!).[79]

Derartige Abrechnungen für Ratsessen sind selten. In den
jährlichen Kämmereirechnungen erscheinen meist allgemeine Abrechnungen, *Ausgabe Vor die Zcweie Collation*,
die 1539/40 teilweise durch dem Rang der Ratsmitglieder
nach abgestufte Geldzahlungen ersetzt waren. Als Bürgermeister und Ratsherren erhielten Lic. Philipp Reichenbach,
Dr. Benedikt Pauli, Hieronymus Krappe, Lucas Cranach
d. Ä., Dr. Kilian Goldstein, Caspar Teuschel, Claus Heffner,
Conrad Weiß, Gregor Matheus, Merten Kranepul, Barthel
Blume und Stadtschreiber Urban Balduin anstelle des Essens
je 20 Gulden, dazu die drei Bürgermeister, der amtierende
Stadtrichter und der Stadtschreiber je ein *Stubichen* Wein
und die übrigen Ratsherrn und *des Rathes weinschenckenn*
je ein halbes Stubichen Wein.[80]

Doch zurück zu unserem Festessen, das am Donnerstag nach Aschermittwoch 1540 stattfand. Die Herrschaften aßen, wie üblich, sehr viel Brot, verspeisten zu diesem Anlass aber auch aus weißem Mehl gebackene Semmeln, die als *Herrenspeise* galten und teuer waren. Wir finden sie wiederholt auch im Lutherhaushalt. Über den geplagten Hausherrn heißt es: *Zuweilen rechnete auch er. Als er einmal bei Tische saß und seine Semmel verzehrte, fiel es ihm schwer aufs Herz: Jede Mahlzeit eine Semmel, das waren in einem Jahre für ihn allein schon 30 Groschen und 4 Pfennige, und täglich 4 Pfennige für sein Hausbier, das machte jährlich – die Summe erschien ihm als zu hoch, und er sagte: »Ich mag nimmer rechnen; es macht einen gar verdrossen, es will zu hoch steigen. Ich hätte nicht gemeint, daß auf einen Menschen so viel gehen sollte!«*[81] Dabei hatte er noch am 22. Oktober 1531 in seiner Predigt festgestellt, Brot und Bier sind als *Leibesnahrung* geschaffen worden.[82]

Trotz der begonnenen Passionsfastenzeit fehlten beim Ratsessen 1540 Fische auf der Tafel. Es ist, als wollte man betonen: Wir halten uns nicht mehr an das alte Fastengebot! Das Wildschwein auf den Tellern stammte sicherlich aus den Vorräten des Amtes im Schloss, denn die Wildschweinjagd war dem Kurfürsten und seinen Bedienten vorbehalten und gehörte zu den Vorrechten des Adels, obwohl sie offensichtlich mehr einbrachte, als der Adel mit seinem Hof verzehren konnte. Der Rat bezahlte 1540 für sein Wildschweinfleisch. Die Reformatoren und der Hofmaler Lucas Cranach dagegen erhielten immer wieder Geschenke an Wildschweinen, Hirschen und Rehen, die ganz oder in Stücken zu ihnen gebracht wurden, um ihnen besondere Gunst zu erweisen.[83]

Küche mit dickem
Koch und Magd,
Titel-Holzschnitt zu:
Von Speisen,
natürlichen und
Kreuter Wein,
Frankfurt: Christian
Egenolff, 1531

Vielleicht haben Frau Reichenbach und ihr
Gesinde aus der Ochsenzunge eine der über-
aus beliebten Pasteten gemacht und *die Zunge*
dafür weich gekocht und dann in dünne Stücke
geschnitten, diese mit je zwei Nelken besteckt,
Ingwer und Muskat zugegeben, die Stücke noch
kleiner geschnitten, gesalzen und alles vermischt
in einen Pastetentopf gegeben. Dann haben sie
Ochsentalg klein gehackt, ihn über die Fülle im
Topf gegeben und alles eine Stunde gebacken,
dann eine halbe Semmel braun geröstet und sie
in Rotwein mit Zucker, Ingwer und Muskat auf-
gekocht, abgeschmeckt, die Flüssigkeit in die Pas-
tete gegossen und diese fertig gebacken.[84]

Grünkohl, der sehr beliebte Meerrettich und Eier konnte
man auf dem Markt beschaffen. Hühner und Eier unter-
lagen gemeinhin nicht dem Marktzwang und der Markt-
aufsicht der Räte, sondern durften frei verkauft werden.[85]
Von der großen Vorliebe der Wittenberger für Eierspeisen

zeugen die 120 Eier, die für dieses Essen gekauft worden waren. Gerade in der Passionsfastenzeit wurde in der vorreformatorischen Kirche auch auf den Genuss von Eiern verzichtet. Da Hühner täglich Eier legen, kamen zum Fastenende nach 40 Fastentagen große Mengen an Eiern zusammen, die dann in die Kirche gebracht und dort vom Pfarrer gesegnet wurden. Dieser *Eiersegen* erschien noch 1530 in Luthers Liste der abzuschaffenden alten Bräuche und dürfte 1540 schon der Vergangenheit angehört haben, da man die Eier nun einfach aufaß. Dennoch reichte es für *Ostereier,* die Luther am 18. April 1539 in einem Tischgespräch mit dem Bildhauer Claus Heffner erwähnte. Als der Gast von seinen Sorgen mit dem Altwerden und mit seinen Kindern erzählte, denen er *mit warmer Hand* seinen Besitz gegeben hatte, *da sprach der Doctor: Es ist die Zeit der Schuld, Ihr und ich haben zu viel Ostereier gegessen; es ist aus mit uns! Wenn ich hinter mich gedenke, an meine Gesellen, die mit mir auferwachsen sind, so sind sie sehr dünne und schier alle hinweg. Denn jetzt wird alle zwänzig Jahr eine neue Welt.*[86] Und er ergänzte, dass die Alten den Jungen Platz machen sollten. Als Luther dies sagte, war er 55 Jahre alt, immer wieder krank und fühlte sich selbst müde und abgekämpft, sehnte sich nach einem seligen Tod.

> *Eine Tunke für die Fastenzeit. Nimm Meerrettich und Mandel- und Nußkerne, zerstoße alles in einem Mörser und fülle Wein auf. Der Meerrettich löst Steine auf, wenn man ihn mit dieser Speise zu sich nimmt.*[87]

Für unser Ratsessen von 1540 hat man aus Lucas Cranachs von einem Provisor geführter Apotheke die Gewürze und den Wein bezogen – ein seltener Beleg für den Gewürzhandel der Apotheken, der nicht nur der Heilung Kranker und den Diäten diente, sondern eben auch den Küchen der Wohlhabenden, zu denen die Ratsherren gehörten. Teure orientalische Gewürze wie Pfeffer, Safran, Nelken, Muskat, der schon damals sehr beliebte Ingwer, Zucker, Honig und die in den eigenen Gärten angebauten Kräuter ließen auch die Festessen der wohlhabenden Bürgerschaft zu einem heute sehr exotisch anmutenden Mahle werden und zeigten den hohen gesellschaftlichen Stand der Ratsmitglieder Wittenbergs.

Der Straßburger Stadtarzt Medikus Walter Ryff hat den Gewürzen und Kräutern in seinem *Confect Büchlin vnd Hausz Apotheck* eine mehrseitige *Erklerung der fürtrefflichsten Kreuter, so dieser zeir zu der artzney am gebreuchlichsten, vnnd in allen wolgerüsten Apothecken zu mancherley noturfft vnnd vielfeltigem gebrauch eingesamlet werden,* viel Aufmerksamkeit geschenkt.

Wein für das Ratsessen hätte man auch aus dem Ratskeller holen können. Hier wurde jedoch Cranachs Weinhandel genutzt, aus dem man auch *fremde* Weine beziehen konnte. Der umtriebige Maler hat sein großes Vermögen nicht nur als Hofmaler erworben, sondern eben auch als Apotheker und Unternehmer im Wein- und Bierhandel, Buchhandel, Fischhandel, in der Wohnungs- und Hausvermietung usw.

Herrenspeise

Wenn wir im Folgenden Berichten über repräsentative Festessen des Adels nachgehen, dann berücksichtigen wir Adelsfamilien, zu denen Luther guten Kontakt hatte und an deren Tisch er teilweise auch gespeist hat. Diese Berichte zeigen Höhepunkte der Kochkunst im 16. Jahrhundert, die, dem Geldbeutel des Hausherrn entsprechend, in geminderter Form auch auf Bürgertische gelangen konnten.

Bis ins 18. Jahrhundert hinein hat man überall in Europa alle möglichen Vogelarten in Vogelherden (Vogelfangplätzen) gefangen und selbst Singvögel in großen Mengen verspeist. Zahlen aus der Küche der Grafen von Stolberg und Wernigerode im Jahre 1525 beispielsweise belegen den hohen Konsum: Es wurden hier lediglich 122 Hühner, aber in Feld und Flur gefangene 3024 *Großvogel* und 8010 *Kleinvogel* zubereitet. Weiterhin wurden 1546 bei der Hochzeit Herzog Erichs d. J. von Braunschweig mit einer hessischen Prinzessin in (Hannovrisch-)Münden unter anderem 4740 Vögel verzehrt.[88] Zudem bedrohten die fürstlichen Jagden sowie der Schwund der Wälder die Singvögel. Das führte zur Lutherzeit in Straßburg dazu, dass man nur noch selten Vogelgesang hörte, und das verhielt sich in anderen Landstrichen Deutschlands nicht anders. Es mehrten sich daher die Gebote und Mahnungen zu ihrem Schutz. So wurde auch in Sachsen dazu aufgerufen, brütende Vögel zu schonen. Man sorgte sich auch um den Erhalt der Lebensräume:

Reinhaltung der Gewässer sowie Schutz der Büsche auf den Deichanlagen der Elbe. Dennoch verschwanden Singvögel erst im 18./19. Jahrhundert von den Speisezetteln der Bürger.

Luthers Diener Wolf Sieberger besaß einen eigenen Vogelherd, in dem er mit Netzen und Schlingen Singvögel fing. Er tat das sicherlich nicht nur, weil man es liebte, in der Wohnung singende Vögel zu halten, sondern vor allem für die Küche der Lutherin. Bei Ausgrabungen an Luthers Elternhaus in Mansfeld fanden sich viele Knöchelchen von Singvögeln – er hat deren Fleisch wohl schon als Kind geschätzt.[89]

Luther hatte den späteren Kurfürsten August von Sachsen als jungen Prinzen kennengelernt. Augusts Frau, die aus dem dänischen Königshaus stammende Kurfürstin Anna, starb 53-jährig am 2. Oktober 1585. Schon einen Monat nach dem Tod der geliebten Ehefrau lud der trauernde Witwer, sicher auf der Suche nach Ablenkung, Kurfürst Johann Georg von Brandenburg und Fürst Ernst Joachim von Anhalt-Dessau zur Jagd ein. Vom 11. bis 18. November 1585 sollen die drei Weidmänner mit ihrem Gefolge in der

Annaburger Heide 1532 Wildschweine erlegt und in den
Pausen zwischen ihrem blutigen Treiben die Hochzeit des
Witwers mit der damals 13-jährigen Tochter des Fürsten
vereinbart haben.

> *Schweinskopf, aus dem die Flammen schlagen:*
> *Koche einen Wildschweinskopf. Wenn er gar ist,*
> *ritze die Haut an der Oberfläche würfelig ein*
> *und bestreue ihn vollständig mit Ingwer. Dann*
> *nimm eine Schüssel voll Branntwein, gieß einen*
> *Teil davon außen über den Kopf, den Rest in den*
> *Hals, puste aber, damit er nicht wieder heraus-*
> *läuft. Nimm ein Stück hartes Brot, so groß wie*
> *eine Nuß, und einen glühenden Kiesel, so groß*
> *wie eine Haselnuß, tue ihn auf das Brot und lege*
> *beides in den Branntwein, der von dem glühen-*
> *den Stein entflammen wird. Dies ist unschädlich*
> *und schmeckt gut. So kannst du auch den Kopf*
> *eines Hausschweins zubereiten.*[90]

Die Hochzeit wurde vom 11. Dezember 1585 bis zum 10. Januar 1586 in Dessau äußerst prunkvoll gefeiert. Nach der
repräsentativen Anreise des sächsischen Kurfürsten August
auf der Elbe – zu den ihm folgenden Schiffen gehörten
auch ein Küchenschiff und ein Schiff mit Musikanten –
wurde die Reisegesellschaft in Dessau mit Kanonenschüs-
sen und Feuerwerk begrüßt. Die eigentlichen Feierlichkei-
ten begannen am 3. Januar 1586 mit der feierlichen Trauung
des ungleichen Paares durch den Dessauer Hofprediger.
Nach der Vermählung wurde das Paar aus dem Saal in die
festlich geschmückte Tafelstube geleitet, wo ein *herrliches
Bett* zum Halten des fürstlichen *Beilagers* aufgebaut war.
Während des *Beilagers* wurden dem Paar und den Gästen
in silbernen Schalen verschiedenes Zuckerwerk und in

goldenen Bechern süße Weine gereicht. Anschließend räumte man das Bett weg und baute eine festliche Tafel auf. Nun begann das eigentliche Festmahl, das am Ende 6014 Taler gekostet hat. Man verspeiste 68 Rinder, zahlreiche Kälber, Schweine, Hühner, 380 Schock[91] Krammetsvögel (Drosseln) und mehr als 300 Tonnen Wein und Bier. Mehr als 8000 Biergläser wurden zerschlagen. Am 10. Januar 1586 reiste das Paar dann nach Dresden ab. Der neuvermählte Kurfürst erlitt dort am 11. Februar einen Schlaganfall und starb. Die nun 15-jährige (!) Kurfürstin-Witwe Agnes Hedwig heiratete 1587 den Herzog Johann von Holstein.[92] Diese Geschichte ist natürlich extrem, doch sie illustriert das Hofleben und den damit verbundenen übermäßigen Verbrauch von Lebensmitteln. Diese unglaublichen Mengen im tiefsten Winter, bei schlechten Transportwegen und so kurzfristig zu beschaffen, war gewiss keine leichte Aufgabe für die Bediensteten des Fürsten von Anhalt und zeugt von der Stärke der Landwirtschaft, Forstwirtschaft und des Marktes von Dessau.

Krammetsvögel: Nimm sie aus und säubere sie, lege danach die Mägen wieder hinein und koche sie in einer guten Fleischbrühe auf. Dann brate sie in Fett. Für die Soße zerstoße Kalbs- oder Schafsleber und ebensoviel Brot in einem Mörser, gieße etwas Wein und Essig daran und seihe es durch ein Tuch. Würze und färbe es gut, koche es in einer Pfanne auf und gib die Krammetsvögel hinein.[93]

Butter und Honig wird Er essen

Martin Luther und seine Freunde hatten sehr gute und freundschaftliche Beziehungen zum Fürstenhaus Anhalt. Das Land Anhalt ist der westliche Nachbar des Kurfürstentums, und die Residenzstadt Dessau befand sich nur eine Tagesreise von Wittenberg entfernt. Man besuchte sich gerne gegenseitig und unterstützte sich beim Aufbau der anhaltischen Landeskirche. Selbstverständlich hat man auch immer wieder gemeinsam gespeist und den Reformator mit Geschenken an Wildbret, Hechten und anderen Lebensmitteln erfreut. Luther kannte anhaltische Speisegewohnheiten seiner Zeit schon darum viel besser als spätere Volkskundler, denn die untersuchten vorwiegend den Alltag der Anhaltiner im 18. und 19. Jahrhundert. Dennoch haben wir viele Anhaltspunkte für das Essen der Menschen in der Lutherzeit. Manche Gerichte und Gebäcke überdauerten die Zeiten, wie die *Hobelspäne*, die wir in unserer Kindheit lieber als *verdrehte* Hosen bezeichneten.

Spähne oder anderes Gebackenes im Mörser zu backen. Die Spähne oder anderes Mörsergebackenes machst du so. Nimm Mehl und Eier, soviel als du des Teiges haben willst, und mache einen starken Teig und wenn du ihn kannst gebrauchen, daß er hübsch trocken ist, so decke ein reines Tischtuch auf einen Tisch, streue Mehl darauf, reibe den Teig mit den Händen so lange, bis er recht zähe ist, daß du ihn mandeln (ausrollen) kannst, darnach mache Spähne daraus oder anderes großes Gebäck, doch mußt du es fein gleich machen, daß es weder zu dick noch zu dünne ist. Wenn du es einlegest, muß die Butter fein heiß sein, sonst wird es fett. Du kannst auch kleine Rosincken in den Teig werfen und kannst es machen wie Confect.[94]

In einigen anhaltischen Dörfern, wie Köselitz im Fläming (heute an der A 9), machte man beim Einschieben in den Backofen ein Kreuz auf die flache Seite des rund geformten Brotes. Die angeschnittene Seite durfte nicht zur Tischkante zeigen, weil das Unglück bringen konnte. Im 19./20. Jahrhundert hatte man eine große Vielzahl der offensichtlich sehr beliebten Gebäcke, die mitunter schon lange genossen wurden. Es gab Stolle/Wecke, Honigkuchen, Speckkuchen, Pfannkuchen, Prilleken, Kreppelchen, Brezeln, *Eiserkuchen*, zu Ostern: Aufläufer, Schäferkuchen, in Frose und Badeborn bei Ballenstedt Eierfladen, in Radisleben Osterfladen und gab dazu in Rieder, Drohndorf, Schackstedt, Warmsdorf, Ilberstedt und Wedlitz Butter, Eier, Mehl und Rum in den Teig. Die *Eiserkuchen* buk man hierzulande mit volkskundlich interessanten Waffeleisen im Feuer. Im anhaltischen Raguhn buk man zu Ostern Sandkuchen und in Siptenfelde/Harz fürs Osterexamen Brezeln aus Milchbrötchenteig. Weit verbreitet waren Schäfchenkuchen zu Pfingsten. Weihnachten gab es Stolle/Wecken, zum Kaffee nach einem Begräbnis Topfkuchen, zum Polterabend Semmeln und Pflaumensemmeln. Die Cobbelsdorfer Bauern im Fläming gaben noch 1914 zur Taufe als einziges Essen Pflaumensemmeln. Zur Meldung einer Geburt schickte man sich in Harzgerode Honigsemmeln. Kinder erhielten in Radisleben beim *Brautsuppesingen Brutkauken*[95], der nach im unweit von Radisleben gelegenen Ermsleben zumeist ein *Zuckerkuchen* war.

> *Omas Zuckerkuchen: Mache aus 100 g Butter,*
> *100 g Zucker, 2 Eiern, 500 g Mehl 1/8–1/4 l Milch*
> *und 1 Päckchen Backpulver einen Rührteig.*
> *Streiche den Teig mit einem breiten Messer oder*
> *einem Teigschaber gleichmäßig auf ein gefettetes*
> *Kuchenblech. Dann 125 g Butter in kleinen Flo-*
> *cken darauf verteilen oder zerlassen auf den Teig*
> *streichen. Zucker, Vanillezucker und feingehackte*
> *Mandeln oder Nüsse werden gemischt und da-*
> *rüber gestreut. Backzeit etwa 35 Minuten bei*
> *mittlerer Hitze.*[96]

Fürst Joachim von Anhalt schenkte Weihnachten 1547 seinem jungen Neffen und späteren Nachfolger Joachim Ernst von Anhalt eine Pelzschaube, etliche Nürnberger Lebkuchen und einen überzuckerten Weihnachtsstollen.[97]

Nach Jesaja heißt es nach der Verkündigung der Geburt Christi, *Butter und Honig wird er essen, daß er wisse Böses zu verwerfen und Gutes zu erwählen.* Daraus entwickelten sich viele Bräuche: Neugeborene erhielten nach der Taufe eine Mischung aus Milch und Honig, denn man soll dem Jesuskinde Butter und Honigfladen/Honigkuchen gebracht haben. Auf Pfefferkuchen/Honigkuchen wurden weihnachtliche Symbole aufgetragen oder diese mit Buchstaben geziert. Man meinte, den Glauben durch den Geschmack ebenso wie über Augen und Ohren weitergeben zu können. *Auch die Weihnachtslebkuchen ließen durch ihre Figuren die Weihnachtsgedanken nicht verkennen; auch nicht in der Art ihrer süßen Zubereitung, ob es nun Striezel, Wecken, Schüttchen, Mohnpillen, Klötzen- oder Hutzelbrot, Kaukjes, Putizen, oder*

Gebacken süße
Apfelroll auf beste
Weise, dazu ein
dicken Rahm

wie sie sonst heißen mögen, gewesen sind.[98] Überhaupt war handgeformtes Gebäck, *Gebildbrot*, auf dem Lande ein großes Thema. Städter und Reiche ließen ihre Brote und Gebildbrote meist von gewerblich arbeitenden Bäckermeistern backen, und die nutzten für ihre Arbeit oft kunstvolle Modelle aus Holz und Ausstechformen.

Studentenfutter

Im Oktober 1502 wurde die Universität Wittenberg feierlich eröffnet. Kurfürst Friedrich der Weise hatte sie als Landesuniversität gegründet, um den wachsenden Bedarf an gut ausgebildeten Juristen, Theologen, Ärzten und Technikern in seinem Land decken zu können. Im Bewusstsein, dass man nicht auf kluge Köpfe aus ärmeren Bevölkerungsschichten verzichten könne, wurde hier von Anfang an ein Stipendiatenwesen aufgebaut. Ärmere Studenten erhielten von ihren Landesherren, Stadträten oder anderen bemittelten Gönnern Stipendien und wohnten in extra dafür gebauten Bursen, wie der Sophienburse und, nach ihrem Bau, in der Universität selbst, denn hier waren die Lebenshaltungskosten nicht so hoch wie bei Studentenbuden mit Beköstigung in den Haushalten der Bürger und Professoren. Im August 1504 unterzeichnete die Universitätsleitung mit dem ehemaligen Schösser von Lochau, Georg Herter, einen Vertrag zur Studentenbeköstigung. Pro Person und Woche hatten die Stipendiaten vier Groschen zu zahlen und erhielten täglich die üblichen zwei Hauptmahlzeiten und Kofent. Zu Fastenzeiten wurde der Speiseplan entsprechend verändert.[99] 1509 begann an der Collegienstraße der Bau des Nordflügels *(Neues Colleg)* des *Friderizianums*. Beide Flügel hatte Kurfürst Friedrich angeordnet und finanziert. Im *Alten Colleg* im Südflügel befand sich die Küche für den *Gemeinen Tisch* der Studenten. Auch das neue Kolleg hatte zumindest einen Hörsaal und, wie im alten Kolleg und im seit 1519 erbauten *Juristencolleg* in der *Juristengasse*, auch Kammern und Stuben für Studenten und Magister.[100]

1520 kostete eine Studentenbude im Jahr etwa drei Gulden, 1538 kostete die gleiche Studentenbude im Jahr etwa sechs Gulden und mehr,

Wittenberger Studentenburse

hatte sich seit 1520 also mehr als verdoppelt.[101] Entsprechend stiegen die Lebenshaltungskosten und wuchsen die Klagen über die grassierende Teuerung.

Stefan Oehmig[102] hat in einer Sonntagsvorlesung den Jahresbedarf der Studenten an Lebensmitteln nachgerechnet und kam auf folgende Ergebnisse: 600 bis 900 Studenten benötigten zwischen 30.000 und 45.000 kg, in Spitzenzeiten mit höheren Einschreibequoten sogar 60.000 kg Fleisch. Die Schlachtgewichte lagen beim Schaf bei etwa 15 ½ kg, bei Mastschweinen bei etwa 40 kg, bei Kühen bei 112 kg und bei Ochsen bei etwa 150 kg. Aß ein Student also 25 kg Rindfleisch pro Jahr, waren das hochgerechnet mindestens 15.000 kg Bedarf. 130 Rinder oder 100 Ochsen mussten dafür in die Stadt gebracht werden. Die Großviehzucht der Bürger, Bauern und kurfürstlichen Domänen reichte bei Weitem nicht aus, den Bedarf zu decken. Die Tiere mussten also über weite Strecken herbeigetrieben werden. Neuen Forschungen zufolge kamen sie meist aus Polen, aber auch aus Brandenburg, Mecklenburg und Pommern. Kurfürst Ernst und Herzog Albrecht von Sachsen haben der Stadt Wittenberg am 27. Juli 1468 die Abhaltung eines achttägigen Weihnachtsmarktes, der jährlich am 8. Dezember beginnen sollte, und einen *Salzmarkt* erlaubt. 1544 bat der Rat den Kurfürsten um die Verlegung des *Freien Jahrmarktes* oder *Weihnachtsmarktes* vom 8. Dezember auf einen anderen

Termin, denn die Viehhändler aus Schlesien, Polen und Pommern wollten von Wittenberg aus zum Neujahrsmarkt nach Leipzig weiterziehen und dort mit ihren Viehherden pünktlich zu Marktbeginn ankommen. Für den Salzhandel erhielt die Stadt eine Bannmeile. Dafür gab der Rat jährlich zwölf Scheffel Salz an das kurfürstliche Amt.[103] Der Salzhandel blieb für den Rat außerordentlich lukrativ, gehörte das Einsalzen neben dem Räuchern und Trocknen zu den wenigen Konservierungsmöglichkeiten, die den Menschen zur Verfügung standen. *Schlachte nicht mehr, als du einsalzen kannst,* sagte der Volksmund für lange Zeit.[104]

Oehmig rechnete bezüglich des Konsums der Studenten weiter: Jeder Erwachsene benötigte jährlich etwa 310 kg Brot und Brotgetreide – es wurde darauf hingewiesen, man ernährte sich hauptsächlich von Brot und Getreidebreien. 600 bis 900 Studenten benötigen demnach 186.000 bis 279.000 kg Getreide, verpackt in 3720 bis 5600 Zentnersäcke! Frachtwagen konnten jeweils etwa 2 ½ t Getreide auf einmal transportieren. Alleine zur Versorgung der Studenten mit Getreide mussten also jährlich 82 bis 125 Fuhren gemacht werden. Woher kam all das Getreide, wer transportierte es und was passierte, wenn Straßen und Wege unpassierbar waren und kein Nachschub kam? Dazu kamen pro Student und Jahr jeweils 40 bis 60 kg Fleisch, davon etwa 25 kg Rindfleisch, 20 kg Schweinefleisch und 5 kg Schaf-/Hammelfleisch. Für alle Studenten zusammen benötigte man jährlich neben den Rindern und Ochsen also 300 bis 600 Schweine und 195 bis 390 Schafe.

Gekochtes Hammelfleisch: Man klopft das Fleisch mit einem Beil mürbe, beschneidet es und spickt es sorgfältig mit Speck. Dann legt man es in einen Topf und gießt Rinder- oder Kapaunenbrühe darüber und dünstet es langsam darin. Dabei muß es oft mit Fett übergossen werden.

Wenn es gar ist, träufelt man Weinessig darüber und bestreut es mit Salz. Dann schmeckt es wie Rehkeule.

Oder man weicht Weißbrot in Wasser auf, hackt es zusammen mit Minze, Pfeffer und Zwiebeln, kocht es auf und gießt es dann über eine gekochte Hammelkeule, wenn man sie warm auf den Tisch bringt.[105]

Selbst bei Hofe stiegen die Küchenausgaben. Das ist zwar vor allem auf den vermehrten Einkauf von Spezereien und Gewürzen zurückzuführen, aber auch auf den erhöhten Bezug von osteuropäischem Vieh.[106] Rechnet man den Bedarf der Bürgerschaft, Schlossbeamten und Universitätsprofessoren und ihrer Familien hinzu, wird die ungeheure Leistung der Bürger deutlich, wie der Viehhändlerfamilie Niemegk, die sich um die Versorgung des Marktes kümmerten und damit auch ordentlich verdienten. Um 1550 haben in Wittenberg 21 Fleischermeister und 26 Bäckermeister für die Versorgung gearbeitet. Ihre Vermögen waren verhältnismäßig groß, wie die Türkensteuerregister von 1542 zeigen. Damals versteuerten die Fleischer durchschnittlich Vermögen von je 312 ½ Gulden, die Bäcker je 581 ½ Gulden. Mit ihren zusammen 12.216 Gulden versteuerten die Bäckermeister mehr als die Innung der Tuchmacher. Brauberechtigte Bürger wie die Luthers sorgten mit ihren Überschüssen für die Versorgung der Menschen mit Bier. Dazu kamen Bierimporte aus Städten wie Torgau,

Kofentbier

Einbeck und sogar Freiberg, die alle mit Fuhrwerken oder auf der Elbe herangeschafft werden mussten. Da man wusste, dass Wasser krank machen konnte, bevorzugte man gemeinhin Kofent und Bier. Neuerdings geht man davon aus, dass jeder Einwohner täglich mindestens einen halben Liter Bier getrunken hat, auch um seinen Flüssigkeitsbedarf zu decken. Bei Studenten dürfte der »Flüssigkeitsbedarf« höher gewesen sein als gemeinhin der der Bürgerschaft. Zudem war Trunksucht in allen Kreisen der Bevölkerung ein beachtliches Problem, gegen das sich auch Luther ohne Ansehen der Person immer wieder gewandt hat.

3

Von der Klosterküche zur Küche der Familie Luther

Küchen der Bürger

Im Gegensatz zu den Bürgern wohnte Martin Luther in Wittenberg immer in der seit 1503 gebauten Anlage des Augustinereremitenklosters. Die Mönche kamen über den Bau des großen Schlafhauses nicht hinaus. Neben ihren Kammern befanden sich im Hause wohl von Anfang an Hörsäle – die Hälfte der Mönche kam zum Bibelstudium in das Wittenberger Kloster und wurde zumindest teilweise in klostereigenen Räumen unterrichtet. Luthers Lebensverhältnisse unterschieden sich sowohl in seiner Klosterzeit als auch nach seiner Verheiratung von denen der Bürger und Professoren in der Stadt, deren Grundstücke und Häuser viel kleiner waren als das *Kloster*, in dem er lebte und das ihm später vom Kurfürsten als Wohnhaus für sich und seine Familie geschenkt wurde.

Einige der Wittenberger Bürgerhäuser hatten zu seinen Lebzeiten noch die ursprüngliche Form der mittelalterlichen *Einraumhäuser* mit gewölbter Decke, in denen vorne der Meister mit seinen Gesellen arbeitete. Nur durch einen Bogen und meist noch durch eine Stufe von der Werkstatt getrennt, lebte die Meistersfrau mit den Kindern im Küchenraum, der auch Wohnung war. Beheizt wurde alles über den Küchenherd. Dieser konnte aufgemauert sein oder sich direkt am Boden befinden. Auf seinen Steinen lag das Brennholz, eventuell Kohle oder Torf. Der Rauch des offenen Feuers wurde noch im 15. Jahrhundert durch einen aus

Holz gebauten und mit Lehm *ausgekleibten*, großen Rauchfang abgeleitet. Diese Holzbauten wurden im 16. Jahrhundert wegen der hohen Brandgefahr verboten und durch steinerne Rauchfänge ersetzt. Wer einmal mit Kohle geheizt hat, weiß, dass bestimmte Wetterlagen einen Ofen zum Qualmen bringen können. Bei Wind und Regen wird der Rauch nach unten gedrückt und erfüllt das ganze Haus. In mittelalterlichen Küchen mit ihren offenen Herdfeuern war das gewiss noch viel schlimmer. Nicht nur die Küche, sondern auch der vordere Werkstattteil des Hauses werden immer rauch- und rußgeschwärzt gewesen sein. Man nennt darum diese Herdräume *Schwarze Küche*. Unter dem Rauchfang befand sich die offene Feuerstelle, über der an einer Querstange mehrere verstellbare Kesselhaken hingen. Senkrechte gabelförmige Stützen dienten der Aufnahme der drehbaren Bratspieße. In den ärmeren Haushaltungen und auf dem Lande hatte die offene Herdstelle nicht immer einen Rauchabzug. In den vornehmen Bürgerhäusern, Klöstern und Burgen gab es für die Zubereitung der sehr beliebten Pasteten und Napfkuchen eine Bratröhre. Wenn vorhanden, nutzte man zu ihrer Herstellung auch mal die Backöfen. An einem offenen Feuer zu backen und zu braten, erforderte gewiss viel Übung. Schließlich musste die Wärme gleichmäßig für den Garprozess zur Verfügung stehen, die Glut dazu mal hier und mal dahin geschoben werden. Wer es ausprobieren will, kann dazu seinen Holzkohlengrill verwenden.

Spinnende Frau beim Suppekochen (einfachste Variante der Schwarzen Küche: Lebensmittelzubereitung der einfachen Leute), Holzschnitt von Ludwig Richter, aus: Nieritz, Volkskalender November 1842. Schwarze Küchen blieben teilweise bis ins 20. Jahrhundert in Gebrauch.

89

Blick auf die heute
noch genutzte
Feuerstelle der
Schwarzen Küche
auf der Konradsburg
bei Ermsleben

Nach der Gründung der Wittenberger Universität gelangte immer mehr Geld in die Taschen der geschäftstüchtigen Bürger. Sie konnten nun das *Wittenberger Bürgerhaus* in seiner Struktur weiterentwickeln und ihren wachsenden Bedürfnissen besser anpassen. Man trennte Werkstatt und Kaufmannsladen von der Küche und baute gegenüber dem Herd eine Treppe ein. In die immer repräsentativer werdenden Wohnräume und die zur Straße hin gelegene *Gute*

Stube der Familien in der ersten oder gar zweiten Etage führten hölzerne und manchmal steinerne Umgänge, wie heute noch auf dem Beyerhof und im Cranach-Haus Markt 4 zu sehen ist. Sie verbanden die Räume in der ersten Etage des Grundstücks und machten auch Gesindekammern und Mieträume praktisch zugänglich. Darunter befanden sich Lagerräume, weitere Arbeitsräume und Ställe für das Hausvieh. Seine besondere Zierde bekam jeder Hof durch einen mehr oder weniger großen Misthaufen. Die ursprüngliche Bauform wurde durch einen Hausflur erweitert, der die Familie noch besser vor dem öffentlichen Verkehr der Werkstätten und Läden abschirmte.[107] Alles wurde trotz der überall herrschenden Gerüche und Fliegen bequemer und eleganter.

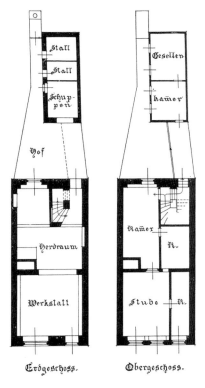

Das Leben der Familien der sonst sehr standesbewussten Akademiker hat sich kaum von dem der reicheren Bürger unterschieden. Auch ihre Häuser ähnelten in der Baustruktur denen der Bürger mit Wirtschaftsräumen in der unteren Etage, Wohnräumen in den oberen Etagen und der *Guten Stube* für Familienfeiern. Die Nebengelasse nahmen weitere Wirtschaftsräume, vermietbare Kammern und Ställe für das Hausvieh auf, die Höfe das Federvieh und die Misthaufen. Angesichts großer Schwankungen der Preise für Lebensmittel und sogar Teuerungswellen strebte jeder, der es sich irgendwie leisten konnte, nach Eigenversorgung.

Handwerkergrundstück in der Wittenberger Collegienstraße 89 – die ursprünglich mit der Werkstatt verbundenen Küchen blieben oftmals an ihrer alten Stelle im Haus.

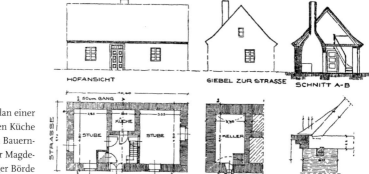

HOFANSICHT   GIEBEL ZUR STRASSE   SCHNITT A-B

Bauplan einer
Schwarzen Küche
in einem Bauern-
haus der Magde-
burger Börde

Die Klosterküche der Augustinermönche

Als Luther nach Wittenberg kam, blühten hier durch ihre Zusammenarbeit mit der jungen und aufstrebenden Universität zwei Klöster, das im Norden gelegene alte Franziskanerkloster und das erst 1503 gegründete Augustinereremitenkloster im Südosten der Stadt, das seine Heimat wurde. *Vor allem durch eine 1611 entstandene Stadtansicht kennen wir die bauliche Situation im Süden des Hauses der Augustiner und später Luthers mit dem südwestlichen Eckturm und der im Süden angebauten und mit einem hohen Dach versehenen Küche aus der Klosterzeit.*[108] Der 1518/19 entstandene neue Küchenbau konnte in archäologischen Grabungen nachgewiesen werden. Ein Lageplan von 1760/80 (Abb.) bezeichnet das Gebäude als Waschhaus. Es verfügte über zwei kleine tonnengewölbte Kellerräume, ein dreijochiges Erdgeschoss mit Kreuzgratgewölben und ein Dachgeschoss, das vom ersten Obergeschoss des heutigen Lutherhauses aus zugänglich war. Im anschließenden Höfchen haben sich Hinweise auf ein Stallgebäude an der westlichen Gartenmauer erhalten. Der Turm und der Brunnen in dem kleinen Winkel zwischen Ostfassade der Küche und Lutherhaus fehlten im 18. Jahrhundert schon.[109] Wahrscheinlich überbaute man seit 1503 bei der Errichtung des Klosterflügels im Westen des Hauses ältere Bauteile und schuf hier Wirtschaftsräume, die man während der Bauphase nutzen konnte.

Blick in die Schwarze Küche der Konradsburg. Man erkennt deutlich, dass die Steine sich im Feuer erhitzen konnten. So konnte gleichzeitig an verschiedenen Stellen mit unterschiedlicher Hitze gearbeitet werden – eine Kunst, die sicherlich der Übung bedurfte. Über dieser Herdstelle öffnet sich die Zimmerdecke für einen riesigen Kamin.

Auf die Wirtschaftsnutzung der westlichen Räume deutet unter anderem ein grobes Kieselpflaster im Bereich des heutigen ersten Ausstellungsraumes hin, das 2002 vorübergehend freigelegt wurde. Zwischen den gut faustgroßen Pflastersteinen fanden sich Splitter von Tierknochen, woraus geschlossen werden könnte, dass sich hier zeitweilig die Klosterküche befunden hat, die dann 1518 in den im Süden errichteten Anbau verlegt wurde.[110]

Als Luther nach Wittenberg kam, beherbergte das Kloster, wie andere Klöster auch, durchschnittlich jeweils 40 Mönche. Die Mönche und ihr Gesinde wurden aus der Klosterküche und -brauerei versorgt.

Man kann sich gut vorstellen, warum die Mönche die Küche aus ihrem Hause, in dem sie studierten und schliefen, verlegt haben – der Rauch der *Schwarzen Küche*, der Geruch des Räucherns und die Küchendüfte dürften sie als vom Studium und Gebet ablenkend und störend empfunden haben. Andererseits musste der Küchenneubau groß genug gebaut werden, um für so viele Männer kochen zu können.

Ein Mus von Schwaden oder Hirsebrei. *Wenn du haben willst ein Mus von Schwaden, Fenchel oder Hirse, so zerstoße es in einem Mörser klein, darnach dränge es durch ein feines Sieblein, dass das Mehl ganz hindurch fällt. Willst du eine gute Schüssel voll haben, so schlage zuerst zwölf Eier drunter und mache einen hübschen Teig, nicht zu dünne noch zu dicke, zerklopfe das wohl, damit es nicht klüsserig bleibe, schütte den Teig mit den Eiern in heiße Milch und rühre es wohl durcheinander, dass es ja nicht klüsserig bleibe. Willst du, so lege Butter hinein, auch kannst du es mit Safran gelb machen. Lass es hübsch kochen, aber langsam, salze es zu rechtem Maße und gib es hin, gewinne das Braune hübsch mit einem Messer von dem Topfe und lege es fein auf das Mus, hernach bestreue es mit Troye. Also magst du auch machen ein Mus von Gries oder Weizenmehl.*[111] Mit Schwaden ist der Same des Schwadengrases gemeint. Luther hat in seinen Tischreden einmal erwähnt, *schwaden in milch gekocht ist gut.*

Im Mittelalter liebte man Farben und natürlich auch farbiges Essen. Als Speisefarben wurden Sandelholz oder *Drachenblut* für Rot, Blaubeeren für Blau, teurer Safran für Gelb verwendet. Sehr beliebt war *Weiße Speise*, wie das beschriebene *Blamensir* oder *Blancmanger* (deutsche Variante), das mitunter aber auch blau oder gelb gefärbt auf einer Tafel erschien.

Veilchenbrei: *Wer einen Veilchenbrei bereiten will, der nehme dicke Mandelmilch, mit Reismehl gut abgerührt, füge genügend Fett hinzu und färbe diese schön mit Veilchenblüten. Dies ist ein Veilchenbrei, wie er sein soll.*[112]

Im Westen des Hauses befand sich das klösterliche Brauhaus. Mit der Gründung des Klosters hatte die Stadt ihm Braugerechtigkeit und Steuerfreiheit gegeben. Das Kloster hatte das ungewöhnliche Recht, im Jahr zwölf Mal brauen zu dürfen, Bürger durften meist nur dreimal brauen. Das Brauhaus verfügte *im Erdgeschoß über einen einzigen großen Raum mit einer Mittelstütze* und verschwand im 20. Jahrhundert mit dem Neubau des Direktorenhauses für das Museum, wobei der alte Gewölbekeller erhalten blieb.[113]

Im Erdgeschoss des Hauses, unweit der ehemaligen Klosterküche, befindet sich noch heute das *Refektorium* der Mönche. Der Raum wurde 1565 von der Universität vergrößert und neu eingewölbt. Hier fanden erst die Mönche und später Luthers Familie, Hausgesinde und viele Gäste ihren Platz an der Tafel.

In seiner Mönchszeit hat sich Luther, nach eigenem Bekunden, kaum um seine körperlichen Bedürfnisse wie Essen und Schlafen gekümmert. Er dürfte selten in der Küche gewesen sein. Auf seinen Reisen und in Wittenberg wurde er häufig zum Essen eingeladen. Man gab sich die Ehre, den berühmten Mann zu bewirten und genoss dabei gerne fröhliche und gebildete Tischgespräche. Er selbst lud in dieser Zeit sehr selten Gäste ein. Am 22. November 1518 schrieb der Mönch dem vor wenigen Wochen als Griechisch-Dozent nach Wittenberg gekommenen Philipp Melanchthon: *Heute bin ich einmal – ausnahmsweise – der Gastgeber.* An diesem Freitag wurde Johann Frosch unter Luthers *Dekanat* zum Doktor theol. promoviert.[114] Der Mönch war im April 1514 nach Wittenberg gekommen und wurde hier 1516 zur *Licentiatur* zugelassen. Anschließend wurde er in Augsburg Prior des Karmeliterklosters. Während seines Verhörs durch Cajetan in Augsburg im Oktober 1518 hatte Luther seine Wohnung im dortigen Augustinerkloster verlassen und war der Einladung seines Freundes Frosch gefolgt, der ihn in

seinem Kloster *köstlich* bewirtete und ihn sogar zum Verhör begleitete. Frosch zog mit dem Freund nach Wittenberg und wurde hier sofort promoviert. Luther gab zu seinen Ehren ein Abendessen, zu dem er besonders Philipp Melanchthon, Veit Oertel von Winsheim und Johann Schwerdtfeger einlud. Er dürfte dazu das *Refektorium*, den Speisesaal der Mönche, genutzt haben.

Luther aß niemals mit der Gabel! –
Speisen im Refektorium

In den Bürgerhäusern befand sich anfangs der Esstisch für die Familie und ihr Gesinde in der Nähe des Herdes. Dann trennten sich in den reicheren Familien der Essbereich und die Küche. Familienfeiern mit den zugehörigen Festessen fanden in der auf der ersten oder zweiten Etage gelegenen *Guten Stube* der Bürger- und Professorenhäuser statt. Die Hausfrau und ihre Töchter, die Zahl des beschäftigten Gesindes sank in der Lutherzeit, hatten weite Wege zurückzulegen, und die Speisen gelangten oftmals kalt auf den Tisch.

Von Luther wissen wir, dass er mit Freunden mitunter in der Wohnstube oder gar in seinem Arbeitszimmer im Südturm in kleiner, fröhlicher Runde saß und vielleicht auch aß. Üblicherweise wird man weiter im der Küche nahe gelegenen *Refektorium* gespeist haben. Die zur Lutherzeit geltende Landesordnung von 1482[115] regelte die Anzahl der bei Hochzeiten, Kindtaufen und Kirchmessen/Kirchweihfeiern zugelassenen Gäste genau nach dem Stand des Hausherrn. So durften zu Kirchmessen nicht mit mehr als 15 Gästen gespeist werden. Bei Hochzeiten durfte höchstens an sechs Tischen mit Gästen gespeist werden. Hofordnungen verraten, dass man an nach den Ständen bestimmten Tischen Platz nehmen durfte.

Sicherlich hat man im Refektorium nicht an einer einzigen langen Tafel gespeist, sondern an kürzeren Tischen. Man kann sich gut vorstellen, wie hier die Lutherin zum Beispiel mit ihrer Muhme Lene und ihren Kindern an einem Tisch gespeist hat, das Gesinde und die Schüler mit ihren Hauslehrern jeweils an anderen Tischen und Luther entweder mit seiner Familie oder mit akademischen und anderen hochgestellten Gästen. Im Lutherhause lebten zum Beispiel die geflohene Kurfürstin Elisabeth von Brandenburg, Fürst Georg von Anhalt und die Herzogin Ursula von Münsterberg jeweils für einige Zeit, und es ist nicht anzunehmen, dass diese hohen Herrschaften mit Schülern oder gar mit dem Gesinde an einer Tafel sitzen wollten. Die Anzahl der Tische ließ sich leicht ändern, denn man stellte nach Bedarf hölzerne Böcke auf und legte darauf Tischplatten. So konnte die Tafel am Ende der Mahlzeit *aufgehoben* werden. Während des Essens saß man gemeinhin auf Bänken, die oftmals eine Lehne hatten und dadurch relativ bequem waren. Höhergestellte Personen bekamen oftmals zusammenklappbare Lehnstühle. Für alle gab es Sitzkissen. Luther hatte als Hausherr selbstverständlich immer einen Ehrenplatz inne. Luthers ehemaliger Tischgänger Johannes Mathesius erzählte einmal von einem Unfall mit so einer Sitzbank, der 1540 zu einem fröhlichen Abend führte: Luther *ging auch bisweilen in Kollationen zu guten und frommen Leuten und war nach Gelegenheit fröhlich und guter Sprüche*

Eltern- und Kindertisch, Miniatur von Albrecht Glockendon in einem Stundenbuch des Herzogs Wilhelm IV. von Bayern

99

Katharina Luther, Denkmal auf dem Lutherhof von Nina Koch, 1999

über Essen. ... Ein Doktor zu Wittenberg bat ihn neben anderen zu Gaste. Nun brachte er schwere Gedanken mit an den Tisch, drum war jedermann stille. Wie man abgespeist, wollte Herr Philippus, der sich in des Doktors Weise sehr wohl schicken konnte, einen Aufbruch machen. Der Wirt bat, sie wollten noch ein Stündlein bei ihm verziehen. Mittlerzeit nahm ein anderer die Bank weg. *Als sich aber unser Doctor aufhalten ließ, wollte sich der Wirt wieder niedersetzen und fiel der Länge auf den Rücken. Das gab ein gut höflich Gelächter. Der Doctor sprach: »Wir haben einen unfreundlichen Wirt, der gibt das beste Gericht zur Letze.« Darauf wurde jedermann lustig und fröhlich und blieben in bona charitate* (in Güte und Freundlichkeit, ESt) *noch eine gute Zeit beieinander.*[116]

Als Katharina nach ihrer Hochzeit im Juni 1525 in das leer gewordene große Haus einzog, war alles verwahrlost und vieles entwendet. *Was an zinnernen Gefäßen und Küchengerät und anderem Hausrat noch da war, schätzte Luther später auf kaum 20 Gulden; hätte er's anschaffen müssen, fügte er hinzu, so wollte er's besser gekauft haben.*[117] Zu diesem Zeitpunkt ahnte das Paar sicherlich nicht, dass in seinem Haushalt wieder etwa 40 Personen leben würden, für deren Versorgung sie und vor allem Luthers Frau zu sorgen hätten. Der Küchenneubau der Mönche von 1519 und das Brauhaus wurden nun wichtiges Arbeitsfeld der Katharina Lutherin und bald auch ihres Gesindes. Sie genügten nicht nur den täglichen Ansprüchen des großen Haushalts, sondern reichten sogar, als die Luthers bei den vielen Hochzeiten in ihrem Hause bis zu 100 geladene Gäste bewirten durften. Sie mussten zu Anfang ihrer Ehe ordentlich in Küchen- und Braugerät investieren.

Das ahnend, stellte Luther schon 1523 in einer Predigt über *Das siebend Capitel S. Pauli zu den Corinthern* fest: *Nimmst Du ein Weib, so ist der erste Stoss, wie willst Du nun Dich, Dein Weib und Kind ernähren? Und das währet Dein Leben lang; beim ersten Kind denken die Eltern daran, ein Haus zu bauen, Vermögen zu erwerben und die Nachkommenschaft zu versorgen.*[118] So ist Luthers große Sorge um seine berufliche Zukunft, die ihn zu Anfang seiner Ehe so sehr plagte, dass er darüber nachdachte, Drechsler oder Gärtner[119] zu werden, verständlich. Zur Lösung der seelischen Not um

Zukunft hielt er sich selbst und seinen Gottesdienstbesuchern vor: *Noch stickt der verzweyffelte unglaube so tieff ynn uns, das wir ymerdar sorge haben, wir werden nicht erneeret, Das macht allein, das wir gewis wissen wöllen, wie uns Gott erneeren wölle, also das wir das haus vol korns und die kasten voll gelts haben, Wöllen Gott also anbinden an haus und kasten, so will er frey und ungebunden sein, widder an zeit, person, stette noch dieses odder jhenes: man lasse yhn dafür sorgen, wie er uns erneeren werde, er wird wol korn und gelt geben, die zeit und das mas wol treffen. Das du nur denckst: ich will heut erbeyten, werde wol sehen, wo her ers gibt, morgen widder also, so würdestu ynnen werden, das er dich on deine sorge erneere. Darum riet er seinen Zuhörern: Erbeyte ein yglicher des tags, den er lebt, morgen weys er nicht, ob er lebe, lebet er, so erbeyte er aber.*[120]

Am 6. Juni 1526, also gerade ein Jahr nach ihrer Eheschließung, brachte Luthers Frau Katharina ihr erstes Kind Johannes zur Welt. Am 10. Dezember 1527 folgte eine kleine Elisabeth, die aber schon am 3. August 1528 zum großen Schmerz ihrer Eltern starb. Am 25. März 1529 kam Magdalena zur Welt, und genau zu seinem 48. Geburtstag am 9. November 1531 hielt der Reformator seinen zweitgeborenen Sohn erstmals im Arm und ließ ihn auf den Namen Martin taufen. Am 28. Januar 1533 wurde Paul und am 17. Dezember 1534 Margarete geboren. Doch das Lutherhaus füllte sich nicht nur mit dem Lärm der eigenen Kinder, sondern auch mit dem von Kindern aus den beiden Familien des Paares und dem von Stipendiaten und Kostgängern in seiner *Burse*. Dazu kamen ständig Gäste, entlaufene Mönche und Nonnen, Standespersonen, Freunde, die mitunter längere Zeit im Hause blieben und manchmal sogar ihre Familien mitbrachten.

Man stand schon um drei Uhr morgens auf. Nach der Morgentoilette gab es als Frühstück einen kleinen Imbiss aus Suppe, Brei oder Milch. Gegen zehn Uhr folgte als erste

Hauptmahlzeit das *Prandium* oder *Frühmahl*. Dem folgte manchmal eine kleine Zwischenmahlzeit und gegen fünf Uhr nachmittags die zweite Hauptmahlzeit, die als *coena* oder Abendmahl bezeichnet wurde. Zum Beginn der Nachtruhe gegen neun Uhr abends reichte man mitunter einen Schlaftrunk.[12]

Ein Gericht aus einer Gans: Verwende eine Gans, die nicht zu alt ist. Nimm sie aus, schneide Flügel und Beine ab, stecke diese in einen engen irdenen Topf und gieße so viel Wasser darüber, daß sie bedeckt sind. Setze den Topf auf einen Dreifuß, der unten offen ist, und lege einen Deckel auf den Topf, damit der Brodem nicht entweichen kann. Das Gedärm koche gesondert. Die Gans salze und koche sie in der Brühe, bis sie beinahe trocken und gar ist. Zwei Knoblauchzwiebeln schäle gut, zerstoße sie mit ein wenig Salz und vermische sie mit süßer Milch und sechs Eidottern, füge Safran hinzu und schütte diese Tunke über die Gans. Lass sie darin aufkochen und trage sie auf.[122]

Da schon seine Hochzeitsfeier mit Festmahl im *Kloster* stattgefunden hatte, war das Paar von Anfang an gezwungen, seinen Haushalt auf Vordermann zu bringen. Und was gehörte da nicht alles dazu: Küchengeräte aus Holz, Zinn, Messing, Kupfer, Korbmaterial, Leinen und Keramik, darunter Löffel, Küchenmesser, Schüsseln, Teller, Bratenmesser zum Tranchieren, Tischtücher, Handtücher, Küchentücher, Hackmesser, große und kleine Bratspieße sowie eiserne und hölzerne Bratroste, Milchkrüge, Bierkrüge, Weinkrüge, Kannen, eine *Wochen kandell*, verschiedene Pfannen, dreibeinige Töpfe, geschmiedete *Dreifüße*, in die man

Küchengerät, Holzschnitt

Keramiktöpfe setzen konnte, Siebe, Schöpflöffel, Topfdeckel, Gugelhupf- und andere Rührkuchenformen, *Mörser* aus Keramik und Metallen, Schneidebretter, diverse Eierformen und -pfannen, Waffeleisen, Wasserbecken und -kannen, Hausfässer, Eimer, die unterschiedlichsten Körbe – die Liste der Küchenutensilien war schon damals unendlich lang.

Ein gerührt Eiermuß ober Bumbstellerchen zu machen: Nimm auf eine Schüssel 10 Eier und schlage die in einen Topf, reib darein Muskaten, zuckre es daß es wol süße wird und mache es wol gelb mit Safran, salze es ein wenig, daß es süße bleibt und klopfe es wol durch einander mit der Würze. Hernach nimm ein wenig weißes Mehl, als da möchte sein ein Löffel voll oder zwei, oder wenn du denkst auch weniger, dann nimm Milchrahm oder Sahne der gut und süße sein muß daß er nit zusammenläuft, ein halb Quart oder etwas mehr, thue ihn in eine Pfanne, laß ihn sieden und wenn er wol siedet schütte das geklopfte Ding hinein und rühre es fein wie gerührte Eier. Es darf aber nit lang stehen, ehe man es macht, sonst wird es teigig. Wenn man gleich das Gericht davor isset so mußt du das Baumbstellerchen schon anrichten und es mit Zucker bestreuen bevor du es hingiebst.[123]

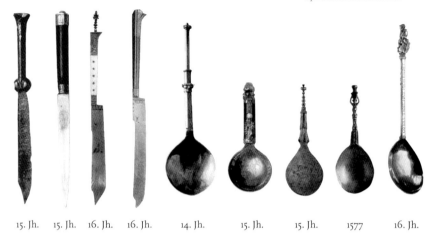

15. Jh. 15. Jh. 16. Jh. 16. Jh. 14. Jh. 15. Jh. 15. Jh. 1577 16. Jh.

Auf den Tisch gelangten in gehobeneren Kreisen hölzerne, aus Ton gefertigte, zinnerne und silberne Teller und Becher, Gläser aus Waldglas, Kristall oder gar venezianischem Glas, verschiedene Formen von Deckelpokalen, mehr oder weniger kostbare Gefäße für Salz, Wein- und Bierkannen, Milchkannen, Schüsseln (aus denen man teilweise aß) dazu Löffel aus den verschiedensten Materialien und in gehobeneren Haushalten auch Messer, aber keine Gabeln. Gabeln galten noch immer als teuflisch und wurden nur ganz selten im Besitz von Königinnen als kostbare Einzelstücke erwähnt. Luther und seine Freunde haben niemals mit einer Gabel gegessen, sondern Brot zum Tunken, zum Nehmen und als Teller benutzt, Suppe und Brei mit Löffeln gegessen und Braten mit einem Besteckmesser auf dem Teller oder in der mit seinem Tischnachbarn geteilten Essschüssel geschnitten. Betrachtet man zeitgenössisches Bildmaterial, wird deutlich, dass auf den Tischen aller Stände mehr oder weniger kostbare Tischdecken lagen. Mitunter gab es handtuchgroße Servietten, die man sich oder Bediensteten bei Tisch oftmals über eine Schulter legte.[124]

Entwicklung der Messer- und Löffelformen

Viele der von hochgestellten Persönlichkeiten und Freunden bewunderten Gläser sind als *Luther-Reliquien* berühmt geworden. Das *Elisabethglas*, das heute zu den Sammlungen der Veste Coburg gehört, ist eine dieser Luther-Reliquien. 1562 schrieb Mathesius darüber in seiner *Bergpostille: Im Jahr 41, als ich ins Thal erfordert, habe ich sieben von Gesandten an Doctors Tisch gebracht, mit denen er fröhlich und guter Dinge war. ... Er holte auch über Tisch ein krystallinen Glas, das S. Elisabeth solle gewesen sein, das man zu Wittenberg für Heilthumb im Schloß gezeiget und nachmalen Dr. Martin Luthers gewesen ist.*[125]

Am Ende seines ersten Ehejahres schrieb Luther am 11. Mai 1526 an seinen Freund Johann Agricola in Eisleben scherzhaft: *Ich schicke dir das mit Blei eingefasste Glas, bevor es einen anderen Herrn bekommt. Denn auch meine Käthe hat ihm sehr nachgestellt. ... Siehe, wie ich den Brief dem Boten geben will und das Glas suche, hat es meine hinterlistige Käthe auf die Seite geschafft. Ich hätte es wohl heraus verlangt, aber unser Propst und Pleban, die es vielleicht an sich genommen haben, haben sich verschworen und mir's verhindert. Warte also, bis die Entbindung vorüber ist! Dann wird sie mir's wiederbringen, und ich werde es ihr rauben.*[126]

Justus Jonas, einem anderen engen Freund, soll Luther am 25. Januar 1546 in Halle als Gastgeschenk ein weißes venezianisches Becherglas mitgebracht haben, auf dem in lateinischer Sprache steht:

Jonas, dem Glas, gibt Luther ein Glas, der selber ein Glas ist, Daß sie beid' es wissen, sie sei'n zerbrechlichem Glase gleich.[127]

Bei Ausgrabungen am Wittenberger Lutherhaus fand man an vielen Stellen Fragmente von Bildkacheln für Öfen und sogar für Wandbrunnen, *die vielleicht speziell für Schreiber zum Lösen von Gallustinte in besonderer Menge notwendig waren.* Nach Vorlagen der Cranach-Werkstatt gefertigte Ofenkacheln spielten in der protestantischen Wohnkultur der Zeit eine wichtige Rolle.[128]

Zu den Lutherlegenden gehören auch Luther-Reliquien, wie dieser Hochzeitsbecher. Doch woher soll Luther diesen kostbaren Pokal bekommen haben?

Die Legende vom fressenden und saufenden Luther

Angeblich Luthers Tischbecher

Ein Wandbrunnen, der dem Lösen der Gallustinte diente, ist selbst im Refektorium denkbar, denn sein 1540 im Hause lebender Tischgenosse Johannes Mathesius berichtete, Luther habe selbst bei Tisch an Texten gearbeitet: Über und nach Tische schrieb er oft den Seinigen vor, die predigen wollten. So machte er das schöne Buch, seinen Matthäus, nach dem Abendessen seinem Tischgesellen Doctor Weller und hat über Tische den 23. Psalm geschrieben. So mußte er oft nach Tische korrigieren.[129] Überhaupt, *er kam auch selten an den Tisch, daß er nicht ein Buch mit sich brachte. Und so erklärte er auch am Tische viele schöne köstliche Texte und es fiel ein guter Bericht, wenn man nach Gelegenheit etwas aus der Schrift zu fragen hatte.*

Und doch fand Mathesius, *obwohl aber unser Doktor oftmals schwere und tiefe Gedanken mit sich an den Tisch nahm, auch bisweilen die ganze Mahlzeit sein alt Klostersilentium hielt, daß kein Wort am Tische fiel, ließ er sich doch zu gelegener Zeit sehr lustig hören, wie wir denn seine Reden CONDIMENTA MENSAE zu nennen pflegten, die uns lieber waren denn alle Würze und köstliche Speise. Wenn er uns Rede abgewinnen wollte, pflegte er einen Anwurf zu tun: »Was hört man Neues?« Die erste Vermahnung ließen wir vorübergehen. Wenn er wieder anhielt: »Ihr Prälaten, was Neues im Lande?« Da fingen die Alten am Tische zu reden an ...*

Nach den schweren Wochen des Reichstages von Augsburg, auf dem die Lutherischen dem Kaiser die von Melanchthon verfasste *Confessio Augustana* und deren *Apologia* überreicht hatten, fand Luther denn doch, es sei Zeit, eine Pause einzulegen. Als man Anfang Oktober *von Koburg wieder heimzog und beim Herrn Spalatin mit seinen Gefährten einkehrte und Herr Philippus stetigs mit seinen Gedanken von der Apologie umging und unterm Essen schrieb, stand er auf und nahm ihm die Feder und mahnte: Man kann Gott nicht allein mit Arbeit, sondern auch mit Feiern und Ruhen dienen, drum hat er's dritte Gebot gegeben und den Sabbat geboten.*

Doch es wurde beim Essen nicht nur gebetet, gelesen, zugehört, diskutiert, das Neueste berichtet und sogar gearbeitet – Luther liebte den Frohsinn und wollte damit alle Traurigkeit und Sorge vertreiben. Mathesius erzählte: *Er kam auch heim aus einer Kollation und brachte seinem Gast einen guten Freudentrunk: »Ich soll und muß heute fröhlich sein, denn ich habe böse Zeiten gehört. Dawider dient nichts besser denn ein stark Vaterunser und guter Mut. Das verdrießt den melancholischen Teufel, daß man noch will fröhlich sein.« Und: »Auf böse und traurige Gedanken gehört ein gut und fröhlich Liedlein und freundlich Gespräch«, sagte er oft.*

Zu den von Mathesius überlieferten Tischsprüchen Luthers gehört:

Iss, was gar ist,
trink, was klar ist,
red, was wahr ist!

Mathesius berichtete auch: *Über und nach Tische sang auch der Doktor bisweilen, wie er auch ein Lautenist war. Ich habe mit ihm gesungen, zwischen dem Gesang brachte er gute Reden mit ein.*

Gemeinhin hört man heute, Luther wäre dem Essen und Trinken sehr zugetan gewesen. Mathesius hat es anders erlebt und berichtete: *Ob er aber wohl einen ziemlichen Leib hatte, aß und trank er wenig und selten etwas Besonderes, ließ sich an gemeiner Speise genügen.* Hat er Recht, dürfen wir auf den leider nicht erhaltenen Speiseplänen der Lutherin keine extravaganten Gerichte erwarten. Sein Vorbild dürfte sogar ähnlich mäßigend auf die Tischgenossen gewirkt haben wie sein langes Schweigen in der Geschichte von der weggenommenen Sitzbank.

Luther als Universitätsprofessor, zeitgenössischer Holzschnitt

Dennoch hat die Lutherin neben der Kurfürstin Elisabeth, der Herzogin Ursula von Münsterberg, dem Fürsten Georg von Anhalt, die sich alle für längere Zeit in ihrem Hause aufgehalten haben, immer wieder auch für andere hochgestellte Persönlichkeiten kochen und deren ausgewählten Geschmack treffen müssen. Als sich Kurfürst Johann Friedrich von Sachsen vom 8. bis 14. März 1534 in Wittenberg aufhielt, wurde sie aufgefordert, dem Kurfürsten *hinter dem Wall* eine *Collation* aufzutischen. Der Kurfürst hat sich sozusagen zum Picknick bei ihr eingeladen und das, obwohl er in seinem damals prächtigen Wittenberger Schloss auch eine große Hofküche unterhielt und Hofköche in seinem Gefolge hatte.[130]

Pasteten: Willst du Fischpastete bereiten, so schuppe die Fische, zieh ihnen die Haut ab, laß sie aufkochen, schneide sie in kleine Stücke, gib gehackte Petersilie und Salbei sowie Pfeffer, Ingwer, Zimt und Safran dazu und vermische alles mit Weißwein. Dann bereite einen ungesäuerten Teig, mangele ihn dünn aus, lege die Fischmasse darauf, gieß Wein darüber, lege eine dünne Teigdecke oben auf und verknete sie an den Rändern. Schneide oben in den Teig ein Loch, lege ein Deckelchen aus Teig darauf und backe die Pastete. – Auf diese Weise kann man auch Pasteten aus Fleisch von Huhn, Wildbret und Vögeln oder von Aal bereiten.[131]

Arbeitsessen fördern das gute Klima zwischen den Kollegen und das Durchhaltevermögen bei schwierigen Verhandlungen. Die Küchen der Hausfrauen konnten durch sie allerdings schwer belastet werden. So trafen sich Ende Mai 1536 die Wittenberger und oberdeutsche Theologen zu Gesprächen, die als *Wittenberger Konkordie* in die Geschichte eingegangen sind. Man traf sich mit Rücksicht auf eine Erkrankung Luthers nicht wie geplant in Eisenach, sondern in Wittenberg. Den beteiligten Theologen ging es darum, die zwischen den Wittenbergern auf der einen und den Schweizern und Oberdeutschen auf der anderen Seite herrschenden Meinungsverschiedenheiten bezüglich des Abendmahls zu überwinden. Die Verhandlungen begannen am 22. Mai und fanden ihren Höhepunkt am 26. Mai 1536 mit der *Formula Concordiae Lutheri et Buceri*. Am Vormittag dieses 26. Mai trafen sich Melanchthon, Cruziger,

Gelage des Adels in der Natur. Derart prächtig dürfte das Picknick der Lutherin nicht gewesen sein, das sie mit ihrem Gesinde für den Kurfürsten zuzubereiten hatte.

Luthers Tischrunde
verhört die Knaben,
Holzschnitt 1571

Jonas, Justus Menius (Superintendent in Eisenach) und
Friedrich Mykonius aus Gotha in Luthers Haus. Um drei
Uhr nachmittags war Melanchthon mit der oberdeutschen
Delegation erneut bei Luther; die Übrigen kamen später
hinzu. Am nächsten Tag wurden die Verhandlungen früh-
morgens um sieben Uhr wieder bei Luther fortgesetzt. Mittags speisten Luther, Bucer, Capito, Zwick und Melanchthon bei Caspar Cruziger in der Collegienstraße.

Caspar Cruziger war nach dem frühen Tod seiner ersten
Frau Elisabeth von Meseritz kurz zuvor mit Apollina Günte-
rode aus Leipzig eine zweite Ehe eingegangen. Luther hatte
dem Freunde geraten, wegen der hohen Kosten einer Hochzeit in Wittenberg nicht dort zu heiraten. Auf seinen Rat
hin vollzog man die Eheschließung am 24. April 1536 in
Eilenburg. Als geübter Prediger auf den Hochzeiten seiner
Freunde hat Luther natürlich auch für Caspar und Apollina
die Hochzeitspredigt gehalten. Schon am 27. Mai 1536 stand
die erst wenige Wochen verheiratete junge Hausfrau mit
ihrem neuen Hausstand vor der großen Aufgabe, durch ihre
Kochkünste zum Gelingen der Verhandlungen beizutragen.

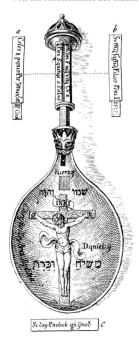

Luthers
Reiselöffel

Am 28. Mai 1536, einem Sonntag, hörten Luther und Melanchthon früh um sieben Uhr Bucers Gastpredigt in der Stadtkirche. Luther musste allerdings wegen eines Schwindelanfalls während der Kommunion den Gottesdienst verlassen.[132] Er erholte sich offenbar rasch, predigte nachmittags selbst und speiste anschließend unter anderen mit Bugenhagen, Melanchthon und Cruziger als Gast der Oberdeutschen in deren Herberge. Zum Abschluss des Verhandlungsmarathons am 29. Mai 1536 kamen die Oberdeutschen wieder um sieben Uhr morgens zu Luther und frühstückten in dessen Hause. Mittags aßen Luther, Melanchthon und Lucas Cranach (!) in der Herberge der Oberdeutschen.[133]

»Das Wetter ist wunderbar und das Essen hervorragend« – steht immer wieder auf den Grüßen, die Reisende ihren Familien und Freunden senden. Wollte Luther von einer Reise einem besorgten Freunde oder seiner Frau darüber Mitteilung machen, dass es ihm gutgehe, so schrieb schon er über das gute Essen, dass man ihm vorsetze. Am 14. Mai 1521 teilte er zum Beispiel Georg Spalatin von der Wartburg mit, man habe ihn hier zum *Junker Jörg* umgekleidet und: *ich sitze hier müßig und trinke Wein; lese die griechische und die hebräische Bibel.*[134]

Luther und seine Ehefrau Katharina führten eine innige und liebevolle Ehe, die von Sorge für den Partner geprägt war. Voller Stolz berichtete Luther dem gemeinsamen Freunde Justus Jonas im Oktober 1538: *Es grüßt Dich mein Herr Käthe, die fuhrwerkt, die Äcker bestellt, Vieh füttert und kauft, Bier braut usw.*[135] Einer Einladung zum Essen an den Freund sandte er einmal ausdrücklich auch im Namen seiner Frau, der *Erzköchin* Katharina.[136] Erkrankte er auf Reisen oder war kränklich aus Wittenberg abgereist, schrieb er seiner Frau zur Beruhigung. So teilte er seiner herzgeliebten Käthe am 2. Juli 1540 aus Weimar besänftigend mit: *Ich fresse wie ein Böhme und saufe wie ein Deutscher, das sei Gott gedankt, Amen.*[137] Dieses Zitat ist berühmt geworden und wird immer wieder herangezogen, wenn es darum geht, Luther als den Freuden des Lebens sehr zugeneigten Menschen darzustellen. Dazu benutzt man oftmals nicht nur aus dem Zusammenhang herausgerissene Textstellen, sondern auch gerne Luther zugeschriebene Aussprüche, die sich nicht belegen lassen. Unser Zitat gehört, wie gesagt, zu einem Brief, den Luther seiner um seine Gesundheit sehr besorgten Frau schrieb und der Katharina beruhigen sollte, denn man kann nur gut essen, wenn man nicht von Krankheit schwer geplagt ist.

Dem Alter und seinen Krankheiten geschuldet war wohl der um 1540 gängige Schlaftrunk Martin Luthers, von dem Mathesius berichtete: *Auf den Abend, wann er nicht wohl schlafen konnte, mußte er ein Schlaftrünklein tun, wie er sich derwegen oft entschuldigt: »Ihr jungen Gesellen, unserem Kurfürsten und mir altem Manne müßt ihr ein reicheres Trünklein zugut halten, wir müssen unser Polster und Kissen im Kännlein suchen!«*[138]

Die Legende vom asketischen Melanchthon

Körperlich kleiner und viel schmächtiger als Luther war sein Freund und Weggefährte Philipp Melanchthon. Dementsprechend heißt es immer wieder, er habe viel asketischer gelebt, als der Freund. *Melanchthon aß weder Fleisch noch Fische gern*, lesen wir in der älteren Literatur.[139] Doch Camearius, der langjährige Freund Melanchthons, differenzierte und meinte: *Kleine Fischlein schmeckten ihm am besten, auch Breie und Gemüse jeder Art schätzte er sehr, Fleisch nicht so sehr. ... Große Aufwendungen bei Gastmählern verabscheute er sehr, und zögerte auch nicht, diejenigen, die diese ausgerichtet hatten, freimütig zu tadeln und zu schelten.*[140] Wie ungemütlich für die hohen Herrn, die die Wittenberger eingeladen hatten, um mit ihnen zu repräsentieren. Und dann solche Tischpredigten! Andererseits berichtete Camearius über die Tischsitten des Freundes, dass *er nicht einmal recht fröhliche Kameradschaften mied und sogar derjenige war, der solche Zusammenkünfte anregte und auch bei allzu ausgelassener Fröhlichkeit seiner Freunde die Augen zudrückte .... bei Gelagen, die nach germanischer Sitte gewöhnlich mit der Wahl eines Königs dieser Tischgenossenschaft ausgestaltet wurden. Damals wurde nämlich auch genau beachtet, dass man sich niemals zu Tisch setzte, ohne dass zuvor etwas Schriftliches beigesteuert oder vorgetragen worden war, was von den Tischgenossen in freier Rede und Versen verfasst sein musste.*[141]

Wohlschmeckende »überzogene« Rüben: Nimm
Rüben, die in Wasser oder in heißer Asche ge-
gart sind, schneide sie in kleine Würfel, dasselbe
tu mit frischem fetten Käse, nur muß er kleiner
geschnitten werden als die Rüben. Lege nun in
eine gefettete Schüssel als unterste Schicht Käse-
würfel, darüber eine Schicht Rüben und immer
so weiter. Zum Auftragen gib Gewürze und But-
ter darauf. Diese Speise ist leicht zu verdauen
und wird warm gegessen.[142]

Melanchthon hat sich wahrscheinlich Ende August 1520
mit Katharina Krappe, einer Wittenberger Bürgermeisterstochter, verlobt. Die Hochzeit mit gemeinsamem Kirch-
gang und anschließender *Wirtschaft*, dem Hochzeitsessen,
fand erst am 27. November 1520 statt. In Wittenberg heiratete man dienstags, da man in diesem Wochentag einen
Glückstag sah. Auch Luther und Caspar Cruziger haben
dienstags geheiratet. Hochzeitsgäste Melanchthons waren
u. a. Luther, Luthers Eltern und seine Schwestern, Professoren aus Wittenberg und Leipzig, dazu aus Katharinas Familie
die verwitwete Mutter, ihre Schwestern oder eine davon
sowie die drei Brüder, darunter der spätere Bürgermeister
Hieronymus Krappe.[143] Luthers Familie hätte die beschwer-
liche Anreise aus Mansfeld sicherlich nicht auf sich genommen, wären da nicht längst enge freundschaftliche Bande
geknüpft worden, die die Familien einschlossen.

Gefülltes Weißkraut: Höhle einen Weißkrautkopf
aus. Dann nimm Kalbfleisch, das zum Braten
geeignet und ohne Knochen ist, koche es in einer
Brühe gar, nimm es heraus, laß es kalt werden,
hacke es zusammen mit Rinderfett und Speck
klein, würze mit Pfeffer und färbe es gelb. Dann

fülle den ausgehöhlten Kohl mit der Kalbfleisch-
masse, mische auch kleine Rosinen darunter und
lege kleine Vögel dazwischen, die vorher über-
brüht worden sind. Dann schließe die Öffnung
des Kohlkopfes, damit von der Fülle nichts heraus
kann, gieße leicht gesalzene Rindfleischbrühe
darüber und gar ihn. So wird es gut und wohl-
schmeckend.[144]

Gleich zu Anfang der Ehe kam der Schwabe Johannes Koch
als Famulus in Melanchthons Haus und wurde vom Hausherrn wegen *dessen Treue, Rechtschaffenheit und großer An-*
hänglichkeit zu seinem Herrn sehr geschätzt. Johannes *sorgte*
im Haus für alles, indem er einkaufte, die Waren aufbewahrte,
bewachte, sie wieder ans Tageslicht holte und sich schließlich
mit allen häuslichen Gütern und Überlegungen befasste. Durch
seine Wachsamkeit, Fleiß, Umsicht, Sorgfalt und auch be-
trächtliche Klugheit wurden viele Nachteile von Melanchthons
Familie abgewendet. Gleichzeitig aber trug er so viel an Hilfe,
wie er eben konnte, zu deren Unterstützung bei, und zwar
nicht nur, damit die täglichen Kosten bestritten werden konnten,
sondern auch, um einen kleinen Vorrat für die Zukunft zu
sichern. Johannes wurde bei Philipp alt und starb auch in dessen
Haus 1553.[145] Derartige Berichte befeuerten die These, Melanchthons Ehefrau Katharina habe nicht kochen können.
Dabei wurde übersehen, dass sie gerade während ihrer
Schwangerschaften mit den Söhnen schwer zu leiden hatte
und in dieser Zeit, in der sie sich teilweise auch bei ihrem
Mann und der wegen der in Wittenberg grassierenden Pest
nach Jena verlegten Universität in fremder Umgebung
aufhielt, wahrscheinlich viel zu krank gewesen ist, um zu
kochen. *Sie kann nicht kochen,* bedeutet (nach Stefan Rhein)
manchmal eben auch: Meine Frau kann hier und jetzt aus
technischen Gründen nicht kochen. Ähnlich der Lutherin

hatte auch sie mit ihrem Gesinde viele Lebensmittelgaben
für ihren berühmten Mann zu
verarbeiten. Beide Haushalte
erhielten immer wieder Wein,
Bier, Wildbret, Fische und sogar Käse. So bedankten sich
beide Hausherren im September 1534 bei ihrem gemeinsamen Freund Friedrich Myconius, der ihnen Käse geschickt
hatte. Melanchthon versprach
dem Pfarrherrn in seinem Brief,
die aus Myconius' Gemeinde
in Gotha zum Studium nach
Wittenberg entsandten Studenten besonders fördern zu wollen.[146] Berühmt geworden ist
ein von Katharina Melanchthon
geschriebenes Bittgesuch an

Das Melanchthon-
haus im Juli 2015

Kurfürst Johann Friedrich, ihr doch zu gestatten, weiterhin
Ziegen halten zu dürfen. Die Bürgermeisterstochter konnte
genauso gut und erfolgreich schreiben wie die adelige ehe-
malige Nonne Katharina. Doch nicht nur das, sie konnte,
genau wie die Lutherin, Bier brauen. 1533 erhielt sie als
Gabe das Malz für ihre Gebräude unentgeltlich aus der kurfürstlichen Amtsmühle vor dem Wittenberger Schloss. Nur
hinsichtlich ihrer Künste als Gärtnerin im Heilpflanzen-
garten meldete Rhein Bedenken an und schrieb diese eher
dem Gatten zu, der sich gute medizinische und pharmako-
logische Kenntnisse angeeignet hatte und jede Gelegenheit
nutzte, diese in seinen Vorlesungen anzubringen.

*Gefüllte Gurken: Die Gurken schäle. Dann ver-
mische gehacktes Kalbfleisch mit Eiern, Weißbrot-
krumen, zerstoßenem Ingwer und ein wenig Salz.
Fülle die Masse in die ausgehöhlten Gurken,
dünste sie. Dazu gebe man eine kurze Brühe
aus Kapern und Butter.*[147]

Melanchthon,
Kupferstich von
Albrecht Dürer

Trotz der Gefahr, während eines Fest-
essens von Melanchthon wegen Völlerei und Alkoholismus kritisiert zu
werden, wurde auch er immer wieder
von Fürsten, Räten, Bürgern, Geistlichen und Freunden eingeladen. Einige
Beispiele mögen das illustrieren.

Als sich Melanchthon zur Eröff-
nung des dortigen Gymnasiums in
Nürnberg aufhielt, gab der humanistisch hochgebildete Rechtskonsulent
des Rates, Christoph Scheurl, am 25. November 1525 ein Festessen zu seinen Ehren, an dem zwölf
Personen teilnahmen. Es gab *Saukopf und Lendenbraten in
saurer Sauce – Forellen und Äschen – 5 Rebhühner – 8 Vögel –
als Braten ein Kapaun – Hecht in Sülze – Wildschweinfleisch
in Pfeffersauce – Käsekuchen und Obst – Pistaziennüsse und
Latwergen – Lebkuchen und Konfekt.* Dazu tranken sie so viel
Wein, dass auf jeden 2,5 Liter kamen.[148] Alltags- und Kulturgeschichte berichten vom täglichen Leben immer viel
bunter, als die üblichen Berichte vom Asketen Melanchthon
und »Völlerer« Luther es darlegen.

Im Lutherhause war Melanchthon sehr häufig zu Gast,
zum Beispiel zu Luthers 49. Geburtstag am 10. November
1532. Luther hatte für das Essen wieder einmal einen Wild-
schweinbraten aus dem Hause Anhalt in Dessau erhalten
und schrieb seinem Freunde, dem dortigen Hofprediger

Nikolaus Hausmann, der das Geschenk vermittelt hatte: *Es werden bei mir speisen, wie du gewünscht hast, Justus Jonas, Philippus (Melanchthon), Pomeranus (Bugenhagen) und Cruziger, zu diesem Eber eingeladen zur Feier des Geburtstags Martins des Heiligen, Martins des Sohnes, Martins des Vater. Könntest du doch auch dabei sein!*[149]

Gelehrte bei Tisch, Holzschnitt Anfang des 16. Jahrhunderts

Mit der Gabe verbunden war eine weitere Einladung Luthers, Melanchthons und Cruzigers zur Jagd nach Wörlitz. Gast der anhaltischen Fürsten war damals auch der brandenburgische Kurprinz und spätere Kurfürst Joachim II. von Brandenburg. Während dieser festlichen Jagdtage predigte Luther in der Wörlitzer Kirche und pries die anwesenden hohen Herren, diese hätten die Wittenberger Theologen *aufs freundlichste und glänzend aufgenommen.*[150]

Hasenwildbret: Es ist eine alte Rede: Wenn der Bauer einen Hasen fängt, so bereitet er ihn mit Rüben auf folgende Art: Man schneidet die Rüben in große und kleine Stücke, zerlegt den Hasen in Stücke oder nimmt nur das Hinterviertel davon, wäscht es in kaltem Wasser und kocht das Fleisch mit den Rüben zusammen. Dann wird er mit Butter oder Fett übergossen, man tut wohl zuweilen eine Pfefferwurst samt einer Würztunke dazu und bestreut das Fleisch noch mit Pfeffer, wenn es auf den Tisch kommt. So essen es die Bauern, wenn sie mal einen Hasen erwischen. – Oder: wenn er gar ist, hackt man Speck und

Äpfel zusammen, vermischt zwei oder drei Ei-
dotter, Wein, Muskatblüte, Pfeffer und Ingwer
und gibt diese Tunke über das Fleisch.[151]

1533 bat Luther seinen Freund Melanchthon, neben dem jungen Herzog Johann Ernst von Sachsen, Hans von Löser, Justus Jonas und der Professorenfrau Margarethe Lindemann die Patenschaft über seinen dritten Sohn, Paul Luther, zu übernehmen. Die Paten wurden nach der Taufe in der Stadtkirche im Lutherhaus zu Tisch gebeten.

Melanchthon lehnte weder gutes Essen noch geselligen Umgang ab und doch erschien Folgendes dem Stadtschreiber Urban Balduin am 1. August 1529 als berichtenswert: *Ey noch mehr, ich hab Melanchthonen mit der prebstin* (Katharina Jonas, Ehefrau des Stiftspropstes Justus Jonas) *sehen tantzen, es ist mir wunderlich gewesen.*[152]

Von der *Trunkenheit* des 16. Jahrhunderts

Germanische Völker brachten seit dem 3. Jahrhundert als neues Ernährungsverhalten *das viel Essen und viel Trinken* in die europäische Kultur ein. Dieses wurde von vielen als schlecht und dem Menschen unzuträglich abgelehnt, doch gab es auch diejenigen, die meinten, die Würde des Mannes zeige sich auf diese Weise und sei manchen Völkern besonders eigen, wie den Sachsen und den Franken.[153] Gelage erhielten eine besonders gehobene Bedeutung. Angriffe auf sie wurden schwer geahndet, bedeuten sie doch gestörten Frieden und *Verrat am Geist eines vertragssichernden Gastmahls*. In Klöstern wurde das Gebot der Mäßigkeit durch gemeinsame Trinkgelage zur *Vergegenwärtigung des Heiligen um ein Memorialhandeln* gebrochen, sogar ein Trink-Zwang ausgeübt. Dieses *Minne-Trinken* konnte in frühmittelalterlichen Klöstern bis zur Trunkenheit des Konvents führen.[154] Bedenkt man, dass die Konvente im frühen Mittelalter vor allem mit Vertretern des Adels besetzt waren, und zieht man Schlüsse zum Denken ihrer weltlich gebliebenen Verwandten, also des oberen Standes der damaligen Gesellschaft, lassen sich Schlüsse zur Bedeutung von Mahlzeiten bis in unsere Tage schließen. Auch heute noch gilt die ungeschriebene Regel, dass man beim Essen nicht stört und zu besonderen Anlässen, sei es eine Hochzeit oder ein Weihnachtsessen, mal mit den Mengen an Speisen und

Der Trinker, Detail aus einem Holzschnitt der Cranach-Werkstatt

Getränken, die jeder Teilnehmer zu sich nimmt, übertreiben darf.

Trunkenheit und Völlerei waren in Zeiten des Lebensmittelmangels paradoxerweise schon weit verbreitet, allein deshalb, weil man sich mit viel Essen und viel Trinken von ärmeren Bevölkerungsschichten abhob. Doch wir wissen heute, *wer Sorgen hat, hat auch Likör.* So gaben sich auch verarmte Pfarrer dem Trinken hin. Im ausgehenden 15. und im 16. Jahrhundert wurde Alkoholismus zum gesellschaftlichen Problem.

Luthers Barbier, der in Wittenberg und dem benachbarten Anhalt hoch angesehene Peter Beskendorf, erstach am 27. März 1535 bei einem Gastmahl in dessen Haus, wohl im Rausche, seinen Schwiegersohn, den Kriegsmann Dietrich. Am 30. Juli 1535 fand eine öffentliche Gerichtsverhandlung gegen den alten Mann, der allgemein bedauert wurde, statt. Dank der Fürsprache Luthers und des Vizekanzlers Franz Burkhard, wurde er nicht mit dem Tode, sondern mit Verbannung und dem Verlust seines Hauses und Besitzes bestraft. Er fand in Dessau Asyl.[155] Franz Reinhart, ein Zimmermann aus Freiberg, kam in Haft wegen Trunkenheit in der Öffentlichkeit. Seine Haftentlassung erfolgte am 31. Mai 1535, nachdem er seinen Richtern und der Stadt *Urfriede* geleistet, also versprochen hatte, sich nicht an seinen Strafverfolgern zu rächen oder ihnen sonst Feind zu sein.[156]

Luther liebte das von seiner Frau gebraute Bier und veranstaltete gerne fröhliche Feiern. So fand am 14. September 1535 im Lutherhaus der Doktorschmaus für Hieronymus Weller aus Freiberg statt. Die Lutherin hatte ihrem Weller zu diesem Anlass so viel Bier gebraut, das alle sieben oder acht Tische mit eingeladenen Gelehrten gut versorgt werden konnten. Justus Jonas sandte sie zur Vorbereitung der Feier einen Taler und bat ihn, Geflügel und Hasen zu schicken, aber keine Raben und Sperlinge, denn davon hätten sie genug. Am Doktorschmaus nahmen dann auch Jonas, Melanchthon und andere Freunde teil, die dafür aus Jena anreisten, wo sich die Universität der Pest wegen aufhielt.[157]

Von Drosseln, Staren und anderen kleinen Vögeln: Gekocht werden sie in Rinder- oder Kapaunenbrühe. Aus Zucker, Wein und in Butter geschwitzten Zwiebeln und Äpfeln bereitet man dazu eine Tunke, und wenn sie aufgetragen werden sollen, bestreut man sie mit Zucker und zerstoßenen Nelken. – Oder man steckt die Vögel an einen Stock oder einen kleinen Vogelspieß, jeweils etwas Speck dazwischen, begießt sie beim Braten mit Butter und bestreut sie vor dem Anrichten mit Salz.[158]

Koch weidet einen Hasen aus, Holzschnitt von Hand Baldung Green. – Hier wird das Prinzip der Schwarzen Küche mit dem offenen Kamin und der gleichzeitigen Möglichkeit zu kochen und zu braten sehr deutlich.

Überall in der Stadt waren Studenten und Bürger, die jeden Schritt der Reformatoren und ihrer Hausgenossen beobachteten und darüber in ihren Briefen berichteten. Man fühlt sich an die heutige Yellow Press erinnert – jeder Fehltritt, jedes Missgeschick im Hause konnte zum großen Nachteil für sie gereichen. Die Reformatoren wussten das ganz genau und besonders Luther fürchtete um seine Universität und vor allem um seine Kirche, die übles Gerede in Gefahr bringen könnten.

Puffbohnen/Saubohnen: Die Bohnen klaube man aus den Schoten heraus und koche sie. Dann vermische sie mit Butter, Pfeffer und frischer Petersilie und brate alles kurz durch.[159]

Am Abend des 27. Oktober 1536 saß man im *Refektorium* des Lutherhauses mit seinen Freunden und Verwandten, den kurfürstlichen Räten Hans von Taubenheim und Georg von Minckwitz, Prof. Ambrosius Berndt mit seiner Verlobten, Luthers Nichte Magdalena Kaufmann, zum fröhlichen Mahl beisammen. Wie mag es da Luther zumute gewesen sein, als *plötzlich sein Neffe Georg Kaufmann mit Lautenschlägern und anderen jungen Leuten, Bierkrüge in den Händen, in der Tür* stand. Luther äußerte sich sehr verärgert über ihre Trunkenheit: *Saufft, das euch das vnglucke an komme! Diese wollen nicht alde leute werden!* – und erzählte den Freunden: *Ich habe neulich zu Hofe eine harte scharfe Predigt gethan wider das Saufen; aber es hilft nicht.* Die beiden kurfürstlichen Räte meinten daraufhin: *Es könne bei Hofe nicht anders sein, denn die Musica und alles Ritter- und Saitenspiel wären gefallen, allein mit Saufen wäre itzt Verehrung an Höfen. Und zwar unser Gnädigster Herr und Kurfürst ist ein großer und starker Herr, kann wol einen guten Trunk ausstehen ... Aber wenn ich wieder zum Fürsten komme, so will ich nicht mehr thun, denn bitten, dass er uberall seinen Unterthanen und Hofeleuten bei ernster Strafe gebieten wolle, daß sie sich ja wol vollsaufen sollten,* denn man handele gerne gegen Gebote und würde so vielleicht vom Saufen abkommen.[160]

Am 18. Mai 1539, dem Sonntag nach Christi Himmelfahrt, predigte Luther der Wittenberger Gemeinde in der Stadtkirche *Von Nüchternheit und Mäßigkeit wider Völlerei und Trunkenheit.* Er mahnte sie zur Mäßigung ..., *weil es also eingerissen, daß es nun ganz ein gemeiner Landbrauch ist worden, und nicht mehr allein unter dem groben, gemeinen, ungezogenen Pöbel, sondern in allen Städten und schier in allen Häusern, und sonderlich auch unter dem Adel und an den Fürstenhöfen über und über gehet ... und wer nicht mit ihnen eine volle Sau sein will, der wird verachtet; da die andern Bier- und Weinritter große Gnade, Ehre und Gut mit Saufen erlangen,* und wollen davon berühmt sein, als hätten sie daher ihren Adel, Schild und Helm, daß sie schändlichere Trunkenbolde sind denn andere. ... weil es auch unter die Jugend ohn Scheu und Scham eingerissen, die von den Alten solches lernet und sich darinnen so schändlich und mutwillig, ungewehret, in ihrer ersten Blüte verderbt, wie das Korn vom Hagel und Platzregen geschlagen, daß jetzt das mehrere Teil unter den feinsten, geschicktesten jungen Leuten (sonderlich unter dem Adel und zu Hofe) vor der Zeit, und ehe sie recht zu ihren Jahren kommen, sich selbst um Gesundheit, Leib und Leben bringen. – Wollte man Deutschland malen, müsste man es als eine Sau malen, hielt er den Zuhörern vor.[161]

Hofgärtner Heinrich, ein ehemaliger Mönch, den Luther zur Anstellung durch den Kurfürsten empfohlen hatte, setzte 1541 Bäume um das Colditzer Schloss. Er hatte die *indischen* Hühner und *indianischen* Pfauen zu versorgen und die Obsternte zu bewältigen. Wohl darum ließ er jede Menge Apfelmus kochen. Weil er aus dem Obst gebrannten Wein hergestellt hat, wurde er auch *ehr heinrich wasserbrenner* genannt.[162] Der Branntweingenuss war ein im 16. Jahrhundert ständig wachsendes Problem. Lange Zeit hatte Branntwein als Heilmittel zum Einreiben gegolten. Nun entdeckten ihn immer mehr Menschen als trinkbares Rauschmittel. *Gebranntweinschenken und Brandweinhändler* gab es bald auch in Wittenberg. 1581 wurde hier bei einer Kirchenvisitation unter anderem angewiesen, der Rat solle die Branntweinhäuser während der Sonntagsgottesdienste visitieren[163] und sicherlich ihren Besuch in dieser Zeit bestrafen. 1591 riet Johannes Coler in seinem *Calendarium* den *Hausvätern: Auch sol man in diesem Monat* (Mai) *allerley Wasser brennen, Erdbeerwasser, Sawerampfferwasser, Rosenwasser, Rosmarinwasser, Lilium conuallium wasser, etc. ...*[164] Am 18. August 1607 wurde im Kirchenbuch der Stadtkirche der Tod eines Leinewebers vermerkt und erwähnt, *er soll sich in Brantwein so voll gesoffen haben, dass er desselbigen Tages verschieden ist.*

Der Tod als Folge zu starken Alkoholgenusses kam schon damals in allen gesellschaftlichen Kreisen vor. Der am 23. September 1583 in Dresden geborene Kurfürst Christian II. galt seinen Zeitgenossen als der Jagd und dem Essen und Trinken besonders zugetan und soll folgerichtig von *herculischem* Körperbau gewesen sein. 1601 trat er seine Regentschaft an und überließ die Regierungsgeschäfte zugunsten seiner Vorlieben seinen Räten. 1602 vermählte er sich mit der dänischen Prinzessin Hedwig, doch ihre Ehe blieb kinderlos, und Hedwig wurde schon am 23. Juni 1611 Witwe. Ihr erst 27-jähriger Gatte soll an den Folgen seiner Trunksucht gestorben sein.

Martin Luther hat vor Kurfürst Johann Friedrich wiederholt gegen die Trunksucht der Höflinge gepredigt, und selbst Kurfürst Joachim II. von Brandenburg und Bischof Matthias von Jagow mussten sich eine solche Predigt von ihm gefallen lassen.

> *Ein Muß von Gerstenbier: Reibe altbackenes Brod, thue es in das Bier, nicht zu dicke noch zu dünne, thue darein gestoßenen Kümmel, Anies und Coriander und ein wenig Zucker oder Honig, rühre es flugs durcheinander und richte es an.*[165]

Der trinkfreudigen Gesellschaft, für die ein *groß drinken ain Ehr war*, entsprach in vielen Häusern ein großes Gefäß, das man zu *evacuriren* wusste: der *Willkomm*, das Empfangsglas.[166] Im Hause Anhalt, mit dem Luther und seine Freunde enge Beziehungen unterhielten, gab es zum Beispiel einen auf 1611 datierten *Willkomm* aus böhmischem Glas mit den Wappen des Fürsten Johann Georg von Anhalt-Dessau und seiner Ehefrau Dorothea von der Pfalz und einem deftigen

Tafel im Kurfürstlichen Festzelt des Wittenberger Trachtenvereins. Das Zelt wurde in den herzoglich sächsischen Farben Gelb und Schwarz genäht. Bei Sonne leuchtete das prächtige Innere des Zeltes zusätzlich golden.

Trinkspruch, der zum sofortigen Ausleeren des Humpens aufforderte.[167]

Der Historiker Uwe Schirmer hat nachgewiesen, dass zwischen 1533 und 1543 durchschnittlich 430.000 Gulden im Jahr an Tranksteuern in den kursächsischen Haushalt flossen – wobei *das meiste Geld im Kreis Wittenberg erhoben wurde (64.152 Gulden). Nach Wittenberg folgten die Kreise Gotha (56.947 Gulden), Altenburg (56.704 Gulden), Torgau (52.559 Gulden), Weimar (52.555 Gulden) ...*[168] In Wittenberg befand sich zur Lutherzeit die einzige und, auch international, sehr gut besuchte Universität im damaligen Kurfürstentum Sachsen – die ehrwürdige Leipziger Universität befand sich zu der Zeit auf dem Boden des Herzogtums Sachsen. Denkt man an Freizeitverhalten während der Studienzeit, muss man nicht grübeln, warum Wittenberg dem Kurfürsten die höchste Tranksteuer einbrachte und das Privileg, einen Weinkeller zu haben, später schwer umkämpft wurde.[169]

Gekochtes Rindfleisch: Man kocht Rindfleisch und gewinnt davon eine Brühe, die mit kleinen Rosinen, zerkleinerten Mandeln und ein wenig Semmelmehl versetzt wird. Will man sie süß haben, so gibt man Zucker hinzu. Diese Brühe gießt man über das gekochte Rindfleisch und trägt es auf.[170]

1564 stiftete Kurfürst August 27 Stipendien für Landeskinder an der Wittenberger Universität. Die Stipendiaten wurden einer detaillierten Studienordnung unterworfen. Ihnen wurde *ein ernster fleissiger arbeitsamer magister aus den professoribus artium, der gotfurchtigck, zuchtigck, nuchtern und verstendigk sei* zur Aufsicht gegeben. Dieser *Präzeptor* war dem Landesherrn direkt rechenschaftspflichtig. Seine Funktion blieb ebenso erhalten wie die Regeln der Stipendienvergabe. Danach musste man ein Landeskind sein, Grundkenntnisse in den Basiswissenschaften und in der lateinischen und griechischen Sprache nachweisen können, um ein Stipendium erhalten zu können.[171] Stipendiaten wohnten meist in *Bursen*, wie der im Südflügel der Universität, und unterstanden eben jenem *Präzeptor*, der den Fortgang ihrer Studien mit Argusaugen überwachte und versuchte, ein fröhliches Studentenleben zu unterbinden. Doch die Universitätsleitung unterhielt auf dem Gelände der *Leucorea* einen Bierausschank und geriet darüber immer wieder mit dem Rat in Streit, der um Einnahmen für seinen eigenen Ratskeller und Steuern der brauberechtigten Bürger fürchtete. 1586 wurde angesichts der gestiegenen Studentenzahlen und des Bedarfs als weiteres Stipendiatenhaus und *Burse* das *Augusteum* errichtet.

Kurz nach seinem Amtsantritt sorgte sich Kurfürst August um 1555 um das Wohl und die Moral der Landbevölkerung und stellte fest: *Es ist eine schändliche Gewohnheit sehr eingerissen auf den Dörfern, daß die Bauern auf und an*

Das frisch restaurierte Augusteum im Juli 2015

*den hohen Festen, als Weihnachten und Pfingsten, ihre Saufe-
rei bald am Abend des Festes anfangen und die Nacht über
treiben und morgens die Predigt entweder verschlafen oder trunken in die Kirche kommen und darin wie die Säue schlafen
und schnarchen.* Sie missbrauchen die Kirchen *für einen
Kretschmar oder Bierkeller, schröten das Pfingstbier darin, damit
es frisch bleibe, und saufen es daselbst aus mit Gotteslästerun-
gen und Fluchen. Und dürfen wohl in der Kirche die Priester
und das Ministerium verächtlich verhöhnen und verspotten,
treten auf die Kanzeln, richten Predigten an zum Gelächter ...
Desgleichen ist ein gefährliches, schädliches Schwelgen auf den
Bauernhochzeiten in Dörfern unter den Gesellen, welche die
ganze Nacht aneinander mit großem Gotteslästern und Fluchen das Gesellenbier saufen, ... Mord und allerlei greuliche
Unzucht folgen daraus.*[172]

1575 fand in Wittenberg zur Verfolgung des Calvinis-
mus eine Kirchenvisitation statt. Die Visitatoren vermerk-
ten in ihrem Bericht über die in der Stadt herrschenden

Zechende Bauern

Zustände bezüglich des Rufes der Geistlichkeit, *der Rat ...*
bittet aber darum, daß es den Kaplänen nicht möge gestattet
werden, Tisch- und Kostgänger zu halten, sintemal sonst auch
bei ihnen nicht ohne geringe Ergernus der Bürgerschaft groß
nachtspätiges Zechen, auch wohl Hader und untugend durch
ihre »betrunkene Tischpurse« geschehen und angerichtet werde.[173]

Katharina Luthers Gesinde

Wenn wir nach helfenden Händen im Haushalt Luthers fragen, stellen wir für die Klosterzeit fest, dass es keinerlei Hinweise auf das Klosterpersonal gibt. Das deutet darauf hin, dass sie ihre Arbeit zur Zufriedenheit der Mönche erledigt haben und keinen Anlass zur Klage boten. Die Mönche beschlossen im Januar 1522 die Selbstauflösung des Klosters, obwohl sie nun einer ungewissen Zukunft entgegengingen. Doch betraf das nicht nur die Mönche, sondern auch ihr Gesinde. Da nun selbst die zehntpflichtigen Adeligen der Umgebung ihre Abgaben schuldig blieben und das Kloster eigenen Verpflichtungen nicht mehr nachkommen konnte, stiftete ihm Kurfürst Friedrich der Weise im November 1522 die Dörfer Dabrun und Kleinzerbst in der Elbaue und die Wüste Mark bei Dabrun. Auf diese Weise wurde das Kloster bis 1524, als Luther die Stiftung zurückgab, Grundherr der Bauern und Tagelöhner in Dabrun und Kleinzerbst.[174]

Konservierungsmöglichkeiten:

Trocknen oder Dörren im Ofen von magerem Fleisch und Fischen, Erbsen, Bohnen, Linsen, Äpfeln, Birnen, Weinbeeren, Kirschen und Pflaumen – Räuchern von fettem Fleisch, Würsten und Fischen

> *Einsalzen/Pökeln v. a. von Seefischen, Fleisch,*
> *dicken Bohnen und Erbsen*
> *Einsäuern von Kohl (Sauerkraut war eines der*
> *am weitesten verbreiteten Lebensmittel), Beizen*
> *oder Einlegen von Fleisch in Essig, Wein für kurz-*
> *fristige Haltbarmachung.*
> *Früchte wurden mit Gewürzen oder Galgant zu*
> *Kompott gekocht oder ganz eingedickt als Lat-*
> *werge und dann zu Konfekt verarbeitet.*[175]

Angeblich hat der aus München stammende Wolf Sieberger seit 1515 eine Zeitlang an der Universität studiert und
war 1517 ins Kloster eingetreten, *ein frommer, treuer Geselle,*
aber der fleißigste war er schon damals nicht. Sogar seine
Schreibfertigkeit wird angezweifelt, doch Wolf galt seinen
Dienstherren als so vertrauensvoll, dass Katharina ihn 1547
im Lutherhaus zurückließ, es zu bewachen, während sie
sich wegen der im *Schmalkaldischen Krieg* heranrückenden
kaiserlichen Truppen mit ihren Kindern auf die Flucht be-
gab. Der alt gewordene Diener ist in diesen Wochen im
Lutherhaus gestorben. Wolf wurde vorwiegend mit haus-
wirtschaftlichen Angelegenheiten betraut und hatte, wie der
Famulus Koch im Melanchthonhaus, in wirtschaftlichen
Angelegenheiten mitzureden. Wolf wurde mit dem Versen-
den von Luthers neuesten Büchern betraut, mietete auch
mal einen Eilboten und schlief gelegentlich über seiner Arbeit
ein. Er pflegte die Maulbeerbäume – Luther liebte exotische
Pflanzen und tauschte gerne mit anderen, auch fürstlichen
Pflanzenliebhabern. Wolf zog den Wein ab und hatte einen
eigenen Vogelherd, in dem er Vögel für die lutherische Küche
fing. In den Briefen des Hausherrn erscheint *Wolfs Garten,*
den Luther seinem alten Diener für immerhin 20 Gulden
gekauft hatte. Luther sandte ihm Grüße und neckte ihn im
Herbst 1534 in einem wundervollen Brief als faulen Vogel-

fänger. 1535 erwarb Luther Brisgers Häus-
chen und überlegte, es Sieberger als Alters-
sitz zu überlassen, denn der hatte schon
damals einen kranken Arm. Luther stellte
einmal bezüglich seines *Famulus* Wolf und
der Köchin Dorothea fest: *Knechte und*
Mägde im Hause haben's besser denn ihre
Herren und Frauen selbst, denn sie haben
keine Haussorge; verrichten und tun nur ihre
Arbeit. Mein Wolf und Orthe, mein Famulus
und Köchin, die haben's viel besser denn ich
und meine Käthe.[176] Die Köchin Dorothea,
der Kutscher, der Schweinehirt Johannes[177]
und mehrere Knechte oder Tagelöhner
erkrankten im Mai 1538 am Fieber und
mussten gesundgepflegt werden.

Katharina von Bora,
die Lutherin,
Stahlstich von
Rossmäsler, 1817

Hafermehlsuppe: Zur Suppe brennt man Hafer-
mehl ein, gibt es in Erbsbrühe und streicht alles
durch ein Seihtuch. Du kannst die Suppe sauer
würzen oder nicht, sie ist auf beiderlei Art wohl-
schmeckend.[178]

Wenige Monate zuvor, am 10. Februar 1538, hatte einer der
Tagelöhner im Rausch in der Stadt geprahlt, er sei Luthers
Diener. Doch nicht genug, der bis dahin als guter, frommer
Mensch geltende Mann erschlug nun plötzlich einen Mann.
Als er nüchtern wurde, nahm er weinend Abschied von
seiner Frau und seinen drei Söhnen und floh aus dem
Lande.[179]

Die Sorgen mit dem Personal gingen weiter, und der
Hausherr schrieb seufzend: *Die Augen der Hausfrau kochen*
besser als Magd, Knecht, Feuer und Kohlen.[180] Das Thema
Gesinde ließ Luther keine Ruhe. Immer wieder hat er auch

und besonders vor seinen Hausgenossen und anwesendem Gesinde gepredigt und sich mit dem Sinn seiner Arbeit beschäftigt und gemahnt: *Ein Hausvater spricht zu seinem Gesinde: Seid fromm und thut mit Fleiß, was ich haben will und befehle, sonst esset, trinkt, kleidet euch, wie ihr wollt. Also fragt Gott nicht, was wir essen und wie wir uns kleiden, er läßt's uns Alles frei, Ceremonien und was Mittelding, Adiaphora, sind, allein daß man nicht daran schmiere, als wären sie noth oder nütz zur Seligkeit.*[181] Sein Gesinde warnte er immer wieder, es dürfe kein Ärgernis anrichten, denn *der Teufel hat ein scharf Auge auf mich, damit er meine Lehre verdächtig mache oder je einen Schandfleck anhänge.*[182]

Schon 1523/24 meinte er in einer 1527 gedruckten Predigt über die Arbeitsteilung im Haushalt: *Wenn ein hausvater hette eine frawen, tochter, son, magd und knechte, Nu er spreche zum knecht und hiesse yhn die pferde anspannen und ynns holtz faren, den acker pflügen und der gleichen erbeit thuen, Zu der magd spröch er, sie solle die küe melken, büttern und der gleichen, Zur frawen aber, sie solle der küchen warten, Zur tochter, sie solle spynnen und das bette machen, Das alles weren wort eines herren, eines hausvaters. Wenn nu die magd zufüre und wolt mit den pferden umbgehen, wolt gen holtz faren. Der knecht setzet sich unter die küe und wolt melcken, Die tochter wolt mit dem wagen faren, wolt pflügen, Die frawe wölt das bette machen, wölt spynnen und die küchen verseumen, und wollten also sprechen: der herr hat es geheyssen, es ist der befehl des hausvaters. Da solt der hausvater zufaren und einen knüttel nehmen und sie allzumal auff einen hauffen schmeissen und sprechen: wiewol es mein befehl ist, so hab ichs doch dir nicht befohlen, hab eim yglichen seinen bescheyd geben, da bey solt yhr geblieben seyn.*[183]

Auch im Lutherhaus gehörten Familienangehörige zu den helfenden Händen, wie die von Katharina mitgebrachte Muhme Lene, die sich um die kleinen Luthers kümmerte, die Nichte Magdalena Polner, die Luther 1537 gesundpflegen sollte, nachdem er während des Schmalkaldener Gesprächs krank zusammengebrochen war.[184]

Die vielen Hauslehrer seiner Kinder und Zöglinge, die suchte er aus seinen älteren, aber bedürftigen Kostgängern aus. Einzelne Hausgenossen, wie Anton Lauterbach, werden des Öfteren als *Faktotum* Luthers bezeichnet. Weitläufig mag man auch die vielen in der *Hausrechnung* aufgeführten Handwerker zu den helfenden Händen zählen. Doch ging auch da mitunter etwas schief. Berühmt geworden ist die Geschichte, wie Luther und seine Frau beinahe von den einstürzenden Gewölben erschlagen worden wären, als sie den Neubau eines Kellers besichtigen wollten.

Hochzeitsessen

Zu Luthers Lebzeiten regelte eine von Kurfürst Ernst und Herzog Albrecht von Sachsen am 24. April 1482 unterzeichnete *Landes-Ordnung* den Alltag der kursächsischen Untertanen. Darin heißt es über *Gastereyen und Hochzeiten derer Unterthanen: So ordnen vnd setzen Wir, daß nun hinfort alle unsere Unterthanen, welchen Standes, Würden und Wesens die sind, auch was Gäste einer hätte (ausgeschlossen Fürsten, oder redlicher Fürsten Botschafft) über seinem Tisch, des Morgens nicht über sechs Essen, und den Abend über fünff Essen haben, deßgleichen nicht mehr, dann zweyerley Wein und zweyerley Bier geben; Wer das überfahren erfunden würde, der soll seiner Herrschafft, von ieglichem Essen, zehen Gülden verfallen seyn; ausgeschlossen in Wirthschaften als: Hochzeit, ersten Messen, oder daß er Fürsten oder ausländischer Fürsten Botschafft hätte, so mag er auf den Morgen achte, und auf den Abend sieben Essen geben, und einerley Trincken mehr, ob er das zu geben hat, oder geben will.*

Luther liebte Hochzeiten. Er soll es gewesen sein, der Philipp Melanchthon zur Ehe drängte. Für Johannes Bugenhagens Hochzeit schrieb er an Georg Spalatin, Bugenhagen werde am 13. Oktober heiraten, und er bitte ihn sehr herzlich, dafür zu sorgen, dass Kurfürst Friedrich zu dieser Hochzeit etwas Wildbret stifte, *denn einmal ist er es wert, und zum andern auch unseretwegen, die wir seine Gäste sein werden.*

Und ob wir würdig sind, das magst du alleine beurteilen.[185] Es sollte bei Weitem nicht das einzige Mal sein, dass Luther die Feder spitzte und Hilfe erbat, wenn es um Hochzeitsvorbereitungen für einen Freund oder Verwandten ging.

Pastete mit Hühnerfleisch und Quitten: Schneide aus den Quitten die Kerngehäuse aus, fülle sie mit Zimt, Zucker, Ingwer und sauber gewaschenen Weinbeeren. Dergleichen tu in die vorbereiteten Hühner, sie seien nun halbiert oder ganz gelassen, aber am besten ist, man lässt sie ganz. Sie werden innen noch mit Kräutern und süßen Gewürzen oder mit gestoßenem Ingwer, Pfeffer und Nelken bestrichen, und es werden auch Quittenschnitzel hineingetan. Dann bereite eine Tunke aus geriebenem Brot und gieße sie in den Pastetentopf, lege die Hühner darauf, die ganzen Quitten dazwischen, auch Weinbeeren, streue Gewürz, wie bereits erwähnt, darüber, damit es oben schön dunkel ist, vor allem durch den Nelkenstaub, aber gib ihn nur auf die Hühner, nicht auf die Quitten. Auch Fett oder süßes Maienschmalz (Butter) gehört noch darauf und Salz zu Maßen. Dann verschließe die Pastete und backe sie eine Stunde lang. Wenn du willst, kannst du auch eine geeignete Brühe hineingießen. Heb den Pastetendeckel ab und rücke ihn beiseite, dann siehst du ja, wie viel Flüssigkeit drin ist, und wenn du meinst, es sei nicht genug, so bereite aus halb Wein, halb Fleischbrühe, Zucker, einigem Gewürz und geriebenem Brot, vielleicht auch Quittenlatwerge oder derlei, eine Tunke, rühre alles durcheinander, lass es aufkochen, gieß es in die Pastete und lass sie zu Ende backen. Diese Speise ist gut und appetitanregend.

Man kann die Hühner auch zur Hälfte braten und die Quitten in Schmalz dünsten, ehe man sie in die Pastete gibt.[186]

Am 11. November 1538 feierte Luther mit seinen Freunden seinen 55. Geburtstag und verlobte seine im Hause aufgewachsene Nichte Magdalena Kaufmann mit dem aus Jüterbog stammenden Wittenberger Professor Ambrosius Berndt. Als sich die Brautleute am 22. November über den Ablauf ihrer bevorstehenden Hochzeit und die einzuladenden Gäste bereden wollten, wurden sie von Luther unterbrochen, der meinte, sie sollen sich um Derartiges nicht kümmern: *Seid unbekümmert, solches geht euch nichts an. Wir wollen bedacht sein auf solch zufällig Ding, das nicht zum Wesen des Ehestandes gehört.* Er schrieb an Fürst Joachim von Anhalt und bat um einen Festtagsbraten: *Ich bitte ganz demütig, wo Ew. Fürstl. Gnaden so viel Uebrigs hätten, wollten mir einen Frischling oder Schweinskopf schenken; denn ich soll bis Mittwoch mein Waislein, meiner Schwester Tochter versorgen.* Dem Fürsten blieb kaum Zeit zum Nachdenken, denn die

Das Lutherhaus im Juli 2015

erbetene Gabe musste schnell geliefert werden. Auch vom Rat der Stadt kamen Geschenke, ein Stübichen Frankenwein und vier Quart Wein kamen aus Jüterbog, der Heimat des Bräutigams. Luther stieg in seinen Keller und kümmerte sich selbst um den Wein, denn *man soll den Gästen einen guten Trunk geben, daß sie fröhlich werden; denn wie die Schrift sagt, das Brot stärkt des Menschen Herz, der Wein aber macht ihn fröhlich.* Zur Hochzeitsfeier am 27. November kamen viele Freunde, darunter der Eislebener Hofprediger Michael Coelius und die lutherischen Ver-

wandten der Braut aus Eisleben und Mansfeld. Es wurde eine fröhliche Feier, denn *bei der Hochzeit soll man die Braut schmücken, soll essen, trinken, schön tanzen und sich darüber kein Gewissen machen, denn der Glaube und die Liebe läßt sich nicht austanzen noch aussitzen, so du züchtig und mäßig darinnen bist.*[187]

Spanferkelbraterei beim Stadtfest »Luthers Hochzeit« 2015

Spanferkel braten: Schlage Eier in Fett und rühre sie, bis sie gestockt sind. Dann nimm vom Ferkel Lunge, Leber und Nieren oder auch nur die Lunge, hacke alles gut miteinander, würze und färbe es. Lege das damit gefüllte Ferkel in einen Kessel zum Kochen. Stecke es danach an einen langen Spieß, fette es außen beständig ein, damit ihm beim Braten die Haut nicht verbrennt oder zu hart wird. Du kannst es auch anders füllen, etwa wie eine Gans. Beim Anrichten stecke ihm eine gebratene Wurst der Länge nach ins Maul.[188]

Leider war diesem Brautpaar nur eine kurze glückliche Zeit vergönnt. Im kalten Winter 1541/42 starb der junge Ehemann einen seeligen Tod und wurde im Januar 1542 in Wittenberg begraben, nachdem Johannes Bugenhagen die Leichenpredigt gehalten hatte. Seine junge Witwe Magdalena kehrte nach nur dreijähriger Ehe ins Lutherhaus zurück, in dem ihre Schwester Else Kaufmann noch immer unverheiratet lebte. Aber manchmal sind im Leben Weinen und Lachen ganz nah beieinander. Schon am 11. Januar 1542 schrieb Luther erneut wegen eines Hochzeitsessens an die Fürsten Johann, Georg und Joachim von Anhalt und bedankte sich für ein geschenktes Wildschwein, das zur Verlobung einen Festschmaus abgegeben habe: *Wiewohl ich E. F. G. ganz ungern beschwere, so zwingt's doch die Sache und Notdurft. Und ist die, daß ich E. F. G. ganz demütiglich bitte, sie wollten mich, sofern es möglich und tulich ist, etwa mit Wildpret begaben. Denn ich einer Hausjungfrau, meiner Freundin, soll zu Ehren helfen in den heiligen göttlichen Stand der Ehe. Und ist hier wenig zu bekommen. Denn die Menge und viel mehr die Ämter und Hofelager haben schier alles ausgefressen, daß weder Hühner noch an der Fleisch wohl zu bekommen, daß, wo es sehr fehlet, ich mit Würsten und Kaldaunen muß nachfüllen. Ich hab auch E. F. G. noch nicht gedankt für das Schwein, mir geschenkt, danke aber jetzt schriftlich, der ich zuvor mündlich und herzlich gedankt habe. Denn ich vielfältig spüre, daß E. F. G. einen großen gnädigen Willen gegen mich Unwürdigen tragen. Und wäre dieselbige Sau nach dem Verlöbnis kommen, so hätte sie müssen auf die Hochzeit gespart sein, damit ich E. F. G. dies Mal hätte unbeschwert gelassen. E. F. G. wollten mit mein Geilen gnädiglich zu gut halten. Der Hochzeitstag soll sein Montag nach St. Pauli Bekehrung oder am 30. Januar. Hiermit dem lieben Gotte befohlen. Amen.*[189]

Küche von B. Strahowsky,
Bratislava 1747

Keine Pizza, aber Fischfladen! *Ein gekonnt zu-*
bereiteter Fladen von Fischen, welcher Sorte auch
immer: Man wirft Hecht- oder Barschstücke in
eine dicke Mandelmilch, schüttet Reismehl, Apfel-
würfel, etwas Schmalz und Gewürze dazu, brei-
tet die Masse auf ein Teigblatt, schiebt es in den
Ofen und lässt es backen.[190]

Luther wurde oft eingeladen, auch zu Hochzeiten in befreundete Wittenberger Familien, so am Abend des 18. Februar 1538 bei der Hochzeit einer Tochter seines Bibeldruckers Hans Lufft. Gäste wie er und wahrscheinlich seine Frau wurden im Namen des Brautpaares von *Hochzeitsbittern* eingeladen. Die *Statuta* des Rates von 1504 regelten den Brauch in § 46. Darin heißt es, es durften höchsten zwei Männer, zwei Gesellen und zwei Frauen als *Hochzeitsbitter* eingesetzt werden. Höchstens hundert Hochzeitsgäste, je zehn an höchstens zehn Tischen, durften im Auftrag der Hochzeiter zur *Wirtschaft* gebeten werden. Dazu kamen noch die im Haushalt lebenden Familienangehörigen, Gäste und Kostgänger. So konnten schnell 140 Personen zusammenkommen, für die in Wittenberg nur noch höchstens je fünf Gerichte aufgetischt werden durften. Wie Kurfürst Ernst 1482 bemühte sich 1504 der Wittenberger Rat weiter, die ausufernden Feiern und den hier getriebenen Luxus einzuschränken. Der Türmer durfte auf Hochzeiten musizieren. Der Tanz fand in reicheren Familien oftmals im Ratshaus statt. Die Gäste durften nur am Hochzeitstag bewirtet werden. Eine Ausnahme wurde für auswärtige Gäste gemacht, die am nächsten Morgen nochmals mit Speisen bewirtet werden durften. Von Luther wissen wir allerdings, dass sich seine Mansfelder und Eislebener Familienangehörigen und Freunde mehrere Tage lang im Lutherhause aufgehalten haben und hier natürlich auch beköstigt wurden. Der Rat drohte bei jeder Übertretung seiner *Statuta* je zwei silberne Schock Groschen als Bußgeld an.[191]

Gebratenes, gefülltes Spanferkel: Schlachte ein Ferkel, das drei Wochen alt ist, und brühe es; wenn es abgekühlt ist, ziehe ihm die Borsten vollständig ab, ohne die Haut zu verletzen. Löse etwas Fleisch, die Eingeweide und die Beinknochen heraus, doch nicht die Klauen, und so, dass die Bauchhaut unverletzt bleibt. Koche das herausgenommene Fleisch, ungefähr von der Größe zweier Eier, fast gar und hacke es zusammen mit Speck. Füge rohe Eier, eine Schnitte Brot, Petersilie und Salz nach Geschmack hinzu. Fülle damit das Ferkel, doch nicht zu voll, auch seine Schnauze. Dann lege es vorsichtig in einen Kessel. Fülle Wasser auf und lass es nur leicht aufkochen, damit ihm die Haut nicht platzt. Sodann nimm es heraus, lege es auf einen hölzernen (!) Rost und brate es langsam. Wenn es gut gebräunt ist, nimm ein Brett, lege es auf eine Schüssel, stecke vier Pflöcke darauf, umhülle es mit Eierteig, setzte das Ferkel darauf, umhülle dies ebenfalls mit einer Teigdecke, lasse ihm aber Ohren und Schnauze frei und trage es auf.[192]

Am 6. November 1524 vermählte sich Kurfürst Joachim I. von Brandenburg mit Magdalena von Sachsen, einer Tochter Herzog Georgs von Sachsen. Am Vorabend der Feier speiste man an der Fürstentafel *Hasen, Wildpreth, Gebratens, Äpfel in Butter, Geröstete Vögel,* ein Schau-Essen. Zum zweiten Gang wurden *Schmerlen, treuge, heiss, Gebratens, Tortten von Quitten oder Birnen, Pasteten von Hasen, übergöldet vor ein Schau-Essen,* zum dritten Gang *Kaphan mit Traget und süssen Wein, geronnene Milch mit Reis, ein Schau-Essen mit einem Gebackens. Summa 12 Essen* gereicht. Grafen, Räte und Prälaten erhielten nur acht Essen, die Ritterschaft und das Frauenzimmer sieben, die in der Speiseküche fünf Essen. Zum Hochzeitsessen am 6. November servierte man an der Fürstentafel *Einen Auerhahn mit einem gehemmerten süßem Sode, Grüne Fohren (Forellen), Mandel-Tortten mit Confect, Ein Schau-Essen. – Der Ander Gang: Schweinen, Wildpreth,*

Gebratens von Span-Ferckeln, Wilde Hüner mit gelbem Sode, Ein Schau-Essen. – Der Dritte Gang: Grüne Hechte, treuge, heiss, Kuchen mit Oblaten, Pasteten, darinnen ein Reh-Keule, vergöldt, vor ein Schau-Essen. – Der Vierdte Gang: Gepresste Schweins-Köpfe mit Aepffeln und Wein-Essig, Birnen mit einer süßen Brühe, Gebacknes, Eine hohe Galerte von Fischen, vergöldt, vor ein Schau-Essen. Summa 16 Essen. Die Grafen etc. erhielten nur zehn Essen, die Ritter acht und die geringeren Gäste sechs Essen.[193] Man beköstigte selbst während eines hochadeligen Hochzeitsessens standesgemäß und versuchte dadurch die Kosten zu dämpfen. Luther war bei dieser Feierlichkeit nicht zugegen, wohl aber bei der Hochzeit des sächsischen Kurprinzen Johann Friedrich 1527 in Torgau. Er kannte die fürstliche Schlemmerei bei derartigen Festen gut.

Zeit seines Lebens prangerte er immer wieder übermäßigen Luxus in Kleidung und Essen an und drohte am Ende seines Lebens wegen der fehlenden Moral vor allem der Studenten, die sich auch in der Kleidung der Zeit zeigte, nicht wieder nach Wittenberg zurückkommen zu wollen. Kurze Zeit nach Luthers unerwartetem Tod hatte die Universitätsleitung eine neue Ordnung fertiggestellt und ließ sie durch den amtierenden Rektor Johannes Marcellus veröffentlichen.[194] Die Universitätsleitung verschärfte die Bestimmungen der *Statuta* des Rates von 1504 weiter und versuchte, die ins Exorbitante getriebenen Hochzeitsfeiern wenigstens im Rahmen der Universität einzuschränken. So wurde die Zahl der Tische bei Hochzeitsfeiern des Rektors, eines Doktors oder Licentiaten für diesen selbst und bei Verheiratung eines Sohnes oder einer Tochter auf acht Tische (80 Gäste) beschränkt. Magister und andere Universitätsangehörige *sollen nicht mehr dann auff sechs Tische zubitten, vnd zubesetzen haben.* Weiter heißt es: *Diener auff den Hochzeiten, die Essen vnd Trincken auff tragen, sollen nicht mehr dann zwene, auff einen Tisch gebraucht werden.*

Reissuppe: Laß Reis aufquellen, wasche und säubere ihn. Koche ihn dann nicht zu lange, damit die Körner nicht zu weich werden. Nimm ungeschmälzte frische Butter dazu und ganze Muskatblüte, so hast du eine wohlschmeckende Reissuppe.[195]

Auch der Aufwand bei Verlöbnissen wurde beschränkt, denn *zu allen Verlöbnissen, sollen nicht mehr dann ein Tisch Geste, oder Freunde geladen werden* (zehn Gäste).

Blick in die Bratenpfanne der Alten Canzley im Juni 2015

Die Lebenshaltungskosten waren seit der Gründungszeit der Universität vor gut 40 Jahren stark angestiegen, und selbst Luther forderte mitunter Freunde dazu auf, nicht in Wittenberg zu heiraten, da es hier besonders teuer sei. Warum das so war, verdeutlicht folgende Regelung der Ordnung von 1546: *Rector, Doctores vnd Licenciaten, sollen in jhrer, oder jhrer Son vnd Töchter Hochzeiten zu morgen malzeit, nicht vnber sechs essen geben, vnd den abent fünffe, Weniger aber zu geben, sol inn jedes gefallen stehen. – Magistri vnd andere personen der Vniuersitet, mögen den morgen fünff essen, zu abend vier, vnd darüber nicht geben.*

Die Anzahl der Gäste nahm ab, doch die Zahl der gereichten Speisen nahm wieder zu und sicherlich auch ihre Qualität. Zudem war es nicht bei einem Tag des Feierns geblieben. Man dehnte seine Feste aus und damit auch die Anzahl der gereichten Speisen. *Die einheimischen Hochzeit Geste, sollen vber drey malzeit nicht gespeiset werden, wenn die Hochzeit auff ein abend angefangen, do sie aber des morgens angehet, sollen nicht mehr denn zwo malzeiten den tag gehalten,*

*vnd den folgenden tag, die geste nicht mehr gespeiset werden. ...
Was aber fremde geste sein, mag man den dritten oder andern
tag, nachdem die Hochzeit angefangen gewesen, ein frustucke
geben. ... das zucht vnd ehrliche masse, im Tantzen gehalten,
Vordrehen, abstossen, vnd andere vbelstand sollen vormieden
werden, auch die abendtentze, ausserhalb des Rathauses, abge-
than sein.*

> *Eine Süßspeise: Um eine Schüssel davon zu be-
> reiten, stellt man aus einem Pfund zerstoßener
> Mandeln, Wein und Milch eine Mandelmilch
> her. Dann treibt man ein Pfund Kirschen durch
> ein Sieb und vermischt die Masse mit der Milch. –
> Ein Viertelpfund Reis zerstampft man zu Mehl,
> schüttet es in die Milch. Reines Schmalz oder
> Speck wird dann in einer Pfanne zerlassen und
> mit einem halben Pfund Zucker und etwas Salz
> in die Milch getan, verrührt, aufgekocht und dann
> serviert.[196]*

Gnediglich geordnet wurden 1546 von der Universitätsleitung
auch die *besoldung der Spielleute, ausspeisen, schanckungen auff
Hochzeiten vnd Kindtauffen, Dergleichen, gevatterschafften, gaste-
reien nach der Kindtauff vnd inn wochen, auch andern gastun-
gen, abentzechen, vnd nachtsitzen, stille auff der gassen ...*

> *Gebratene Quitten: Schneide große Quitten in
> dünne Scheiben, entferne die Kerngehäuseteile
> und lege die Scheiben in warmes, nicht heißes
> Schmalz. Lasse sie eine Stunde auf gelinder Glut
> stehen, bis sie weich sind. Dann bereite einen
> dünnen Teig aus Mehl, Wein und Zucker, ziehe
> die Quitten hindurch und backe sie so lange in
> Schmalz, bis sie goldgelb sind.[197]*

Bürger und Studenten versuchten, ihr Leben zu genießen. Wer es sich leisten konnte, veranstaltete große, immer luxuriöser werdende Familienfeiern und lud dazu Freunde und Nachbarn ein. Bürger trafen sich nach getaner Arbeit im Freundeskreis zu geselligen Runden. Studenten dürften für Abendvergnügungen vor allem die Kneipen genutzt haben. Und doch schwebten über Luthers Wittenberg der Geist der Frömmigkeit und immer mehr auch ein Geist orthodoxen Denkens. Luther hatte sich nicht nur um das Blühen, sondern auch um das Ansehen seiner Universität und Lehre gesorgt. Nach seinem Tod wollte man in seinem Geist die Universität als Ausbildungsstätte der Protestanten in Europa fortführen.

4

Listen verwendeter Lebensmittel (Auswahl)

Gewürze und Kräuter | Rezeptzutatenliste

Zahl	Lebensmittel	Apotheke	Dapper	Klosterkochbuch	Lehre von der Kocherie	Lemmer, So wirt es gut	Luthers Paradiesgarten	andere
142	Anis	Ja				Ja		Ja
126	Basilikum					Ja		Ja
92	Essig		Ja	Ja	Ja	Ja	Ja	Ja
157	Fenchel					Ja		Ja
76	Honig		Ja	Ja	Ja	Ja	Ja	Ja
50	Ingwer, Galgant	Ja		Ja	Ja	Ja		Ja
112	Kapern					Ja		Ja
86	Kerbelkraut					Ja		Ja
143	Knoblauch			Ja		Ja		Ja
140	Koriander	Ja		Ja		Ja		Ja
56	Kräuter	Ja	Ja	Ja	Ja	Ja	Ja	Ja
128	Kümmel	Ja		Ja		Ja		Ja
64	Lebkuchen, Pfefferkuchen (Schokolade unbekannt!)		Ja	Ja	Ja	Ja		Ja
127	Majoran	Ja		Ja		Ja		Ja
145	Meerrettich					Ja		Ja
144	Minze	Ja			Ja	Ja		Ja
74	Muskat	Ja		Ja		Ja		Ja
68	Muskatblüte (Macis)	Ja		Ja		Ja		Ja
113	Nelken, Nägelein	Ja		Ja		Ja		Ja
66	Petersilie			Ja		Ja	Ja	Ja

Zahl	Lebens-mittel	Apo-theke	Dapper	Kloster-koch-buch	Lehre von der Kocherie	Lemmer, So wirt es gut	Luthers Paradies-garten	andere
49	Pfeffer	Ja	Ja	Ja	Ja	Ja	Ja	Ja
164	Rosenblätter					Ja	Ja	Ja
165	Rosenöl					Ja		Ja
77	Rosenwasser	Ja		Ja		Ja		Ja
96	Rosmarin			Ja		Ja		Ja
51	Safran	Ja	Ja	Ja	Ja	Ja	Ja	Ja
125	Salbei	Ja		Ja	Ja	Ja	Ja	Ja
48	Salz		Ja	Ja	Ja	Ja	Ja	Ja
	Schnittlauch, Aschlauch			Ja	Ja	Ja	Ja	Ja
141	Senf	Ja				Ja		Ja
65	Thymian	Ja			Ja	Ja		Ja
131	Veilchenblüten und -wurzeln	Ja				Ja	Ja	Ja
147	Wacholder			Ja		Ja		Ja
168	Wermut				Ja			Ja
	Ysop	Ja					Ja	Ja
85	Zimt			Ja		Ja		Ja
75	Zucker			Ja		Ja	Ja	Ja

Öle und Fette | Rezeptzutatenliste

Zahl	Lebens-mittel	Apo-theke	Dapper	Kloster-koch-buch	Lehre von der Kocherie	Lemmer, So wirt es gut	Luthers Paradies-garten	andere
41	Butter		Ja	Ja	Ja	Ja	Ja	
38	Öl	Ja	Ja	Ja	Ja	Ja		
148	Olivenöl = Baumöl			Ja		Ja		
40	Rindertalg							
39	Schweinesch-malz		Ja	Ja	Ja	Ja	Ja	
46	Speck		Ja	Ja	Ja	Ja	Ja	

Rinder, Schweine, Schafe | Rezeptzutatenliste

Zahl	Lebens-mittel	Apo-theke	Dapper	Kloster-koch-buch	Lehre von der Kocherie	Lemmer, So wirt es gut	Luthers Paradies-garten	andere
47	Hackfleisch					Ja	Nein	
71	Hirn					Ja	Nein	
6	Kalbfleisch		Ja	Ja		Ja	Ja	
10	Kalbsleber		Ja			Ja		
58	Kalbslunge, Kalbszunge, Kalbsfüße			Ja		Ja		
101	Köpfe					Ja		
9	Kuheuter		Ja		Ja	Ja		
78	Lammleber					Ja		
11	Leberwurst		Ja					
70	Nieren					Ja		

Wild | Rezeptzutatenliste

Zahl	Lebens-mittel	Apo-theke	Dapper	Kloster-koch-buch	Lehre von der Kocherie	Lemmer, So wirt es gut	Luthers Paradies-garten	andere
18	Hasen						Ja	
20	Hirsche		Ja				Ja	
102	Kaninchen					Ja		
21	Rehe			Ja		Ja	Ja	
19	Wildschweine						Ja	

Getreide | Rezeptzutatenliste

Zahl	Lebens-mittel	Apo-theke	Dapper	Kloster-koch-buch	Lehre von der Kocherie	Lemmer, So wirt es gut	Luthers Paradies-garten	andere
33	Gerste	Nein	Nein	Nein	Nein	Nein	Ja	Ja
37	Hafer	Nein	Nein	Nein	Nein	Ja	Ja	Ja
34	Hirse	Nein	Ja	Ja	Ja	Ja	Ja	Ja
55	Reis, Reismehl	Nein	Nein	Nein	Nein	Ja	Ja	Ja
31	Roggen	Nein	Ja	Ja	Ja	Ja	Ja	Ja
63	Roggenbrot	Nein	Ja	Ja	Ja	Ja	Ja	Ja
35	Schwaden	Nein	Nein	Nein	Nein	Nein	Nein	Ja
62	Weißbrot, Semmeln (auch zum Andicken v. Saucen)	Nein	Ja	Ja	Ja	Ja	Ja	Ja
32	Weizen	Nein	Ja	Ja	Ja	Ja	Ja	Ja
60	Weizengrieß	Nein	Ja	Nein	Nein	Nein	Nein	Ja
61	Weizengrütze, Perlweizen	Nein	Ja	Nein	Nein	Nein	Nein	Ja

Mit Hilfe von Frau Christa Rath und ihrem Team in der Alten Canzley gegenüber der Wittenberger Schlosskirche entstanden Fotos von der Herstellung eines Lutheressens, das dort zur Speisekarte gehört. Ich bedanke mich herzlich für ihr großzügiges Entgegenkommen. Die Bilder zeigen die langen Reihen an Tellern; solche hatte wohl auch die Lutherin jeden Tag vor sich, um sie für ihre Hausgenossen mit Lebensmitteln zu füllen ...

Martin Luther empfiehlt:

*Allerley Speis' nach Rezepten Katharina von Boras
(so auf der Speisekarte der Alten Canzley)*

*Recht feine Rübensuppen mit Rosinen,
Käs und Kräutlein, dazu ein Putterbrod*

Ein Salat aus dem Garten

Ein Kofentbier

*Ein gesotten Stück vom Federvieh mit köstlich
Honigsoß, gutem Erbsenmus und Wurzeln*

*Gebacken süße Apfelroll auf beste Weise,
dazu ein dicken Rahm*

*Zum Schluss den Magen freundlich stimmen,
nehmt Kräuterwurz, dann wird's gelingen*

Quellennachweis

1. WATr, Band 3, S. 323 Nr. 3458.

2. Manfred Lemmer und Eva-Luise Schultz (Hrsg.), Die lere von der kocherie. Von mittelalterlichem Kochen und Speisen, IB 906, Leipzig 1969, S. 53 Nr. 28.

3. Massimo Montanari, Der Hunger und der Überfluß. Kulturgeschichte der Ernährung in Europa, München 1993, S. 16.

4. Johannes Aurifaber, Tischreden Oder Colloquia Doct. Mart. Luthers ..., Eisleben 1566, S. 119.

5. Lemmer/Schultz (Hrsg.), Die lere von der kocherie, S. 53 Nr. 26.

6. Stefan Oehmig, Mönchshure und Morgenstern – Katharina von Bora, die Lutherin – Eine Wirtschafterin und Saumärkterin, in: Peter Freybe (Hrsg.), Katharina von Bora, die Lutherin, Wittenberger Sonntagsvorlesungen. Evangelisches Predigerseminar 1999, Wittenberg 1999, S. 106.

7. Montanari, Der Hunger und der Überfluß, S. 45.

8. Lemmer/Schultz (Hrsg.), Die lere von der kocherie, S. 43 Nr. 24.

9. Karl Josef Strank und Jutta Meurers-Balke (Hrsg.), »... dass man im Garten alle Kräuter habe ...« Obst, Gemüse und Kräuter Karls des Großen, Mainz 2008, S. 14, 21.

10. Manfred Lemmer, So wirt es gut vnd wohlgeschmack. Alte deutsche Kochrezepte um 1350 bis 1600, Halle 1991, S. 316–327 (Ausschnitt).

11. Uwe Schirmer, Alltag, Armut und soziale Not in der ländlichen Gesellschaft – Beobachtungen aus dem kursächsischen Amt (1485–1547), in: Stefan Oehmig (Hrsg.), Medizin und Sozialwesen in Mitteldeutschland zur Reformationszeit, Schriften der Stiftung der Luthergedenkstätten in Sachsen-Anhalt 6, Leipzig 2007, S. 129 Anm. 73.

12. Thomas Lang, Nur Stroh und Lehm? – Baulichkeit und Nutzung des Wittenberger Schlosses (Teil 2), in: Wittenberg-Forschungen. Band 2.1: Das ernestinische Wittenberg: Stadt und Bewohner. Textband. Hrsg. v. Heiner Lück, Enno Bünz, Leonhard Helten, Dorotée Sack und Hans-Georg Stephan im Auftrage der Stiftung Leucorea, Petersberg 2013, S. 301f.

13. Günter Wiegelmann, Alltags- und Festspeisen in Mitteleuropa. Innovationen, Strukturen und Regionen vom späten Mittelalter bis zum 20. Jahrhundert, Münsteraner Schriften zur Volkskunde/Europäischen Ethnologie Band 11, 2. erw. Auflage, Münster 2006, S. 34.

14. Ernst Schubert, Essen und Trinken im Mittelalter, Sonderausgabe, Darmstadt 2010, S. 113f.

15. Alexandra Dapper, Zu Tisch bei Martin Luther, hrsg. v. Harald Meller, Landesamt für Denkmalpflege und Archäologie in Sachsen-Anhalt, Halle 2008, S. 26, nach: G. Wiegelmann, Butterbrot und Butterkonservierung im Hanseraum, in: Günther Wiegelmann und Ruth-E. Mohrmann (Hrsg.), Nahrung und Tischkultur im Hanseraum, Beiträge zur Volkskultur in Nordwestdeutschland, 91, Münster und New York 1996, S. 463–500 (hier S. 476).

16. Wiegelmann, Alltags- und Festspeisen in Mitteleuropa, S. 35 und S. 35 Anm. 56 und 57.

17. Fritz Stoy, Friedrich des Weisen Hoflager in Lochau in seinem letzten Lebensjahre, in: Forschung und Leben. Heimatblätter des Schönbergbundes. Arbeitsgemeinschaft für Heimatpflege im Regierungsbezirk Merseburg. Heft 5 und 6, 2. Jahrgang, Halle 1928, S. 282.

18. Kurfürst Ernst von Sachsen und Herzog Albrecht von Sachsen, Landes-Ordnung 1482, in: Johann Christian Lünig (Hrsg.), CODEX AUGUSTEUS, Oder Neuvermehrtes CORPUS JURIS SAXONICI... (1. Teil) Leipzig: Johann Friedrich Gleditsch seel. Sohn 1724, Sp. 4f. – Die 1482 von Kurfürst Ernst von Sachsen erlassene Landesordnung wurde erst am 12. November 1560 durch Kurfürst August abgelöst. Um die Ordnung v. a. bezüglich der Kleidung zu sichern, erlies z. B. die Wittenberger Universität im August 1546 eine auf der Landesordnung basierende Universitätsordnung.

19. Wiegelmann, Alltags- und Festspeisen in Mitteleuropa, S. 33 und S. 33 Anm. 38 und S. 34.

20. Robert Bruck, Friedrich der Weise als Förderer der Kunst, 1903 (Nachdruck im Salzwasser-Verlag Paderborn), S. 166f.

21. Bernhard Otto, Dreihundertjähriges deutsches Kloster-Kochbuch. Enthaltend eine bedeutende Auswahl längst vergessener, jedoch äußerst schmackhafter Gerichte. Nach einem in den Überresten des ehemaligen Dominikaner-Klosters zu Leipzig aufgefundenen Manuscript, Leipzig 1856 (Reprint Zentralantiquariat 1990), S. 76 Nr. 36.

22. Forschungsbericht der BBC-Online, in: Die Welt, 19. Dezember 2007.

23. Ratsarchiv Wittenberg: Der Chur-Stadt Wittenberg Copial-Buch derer vorhandenen Chur- und Fürstl. ... Privilegien, ... das gemeine Wesen angehenden Documenten wie solche anfänglich zu Erhaltung derer

Originalien ao. 1512. Zusammen getragen, und nachher ... nachdem das alte Copial-Buch unleserlich und schadhaft worden anderweit abgeschrieben ... Ba 1 = Nr. 1, S. 611b (Quellenedition: Karl Eduard Förstemann, Die Willkür und Statuten der Stadt Wittenberg, aus dem Wittenberger Statutenbuche mitgeteilt). Ich danke dem Leiter der Wittenberger Ratssammlung Andreas Wurda für viele schöne Gespräche und freundliche Hinweise.

24.   Martin Luther, An den christlichen Adel deutscher Nation von des christlichen Standes Besserung, 1520, in: WA 6, S. 425.

25.   Uwe Schirmer, Kursächsische Staatsfinanzen (1456–1656). Strukturen, Verfassung, Funktioneliten. Quellen und Forschungen zur sächsischen Geschichte. Band 28, Leipzig 2006, S. 423.

26.   Kurt Aland (Hrsg.), Luther Deutsch. Die Werke Martin Luthers in neuer Auswahl für die Gegenwart, Band 9: Martin Luther. Tischreden. Berlin ²1953, S. 290 Nr. 496 (Autobiographischer Anhang).

27.   Dapper, Zu Tisch bei Martin Luther, S. 26.

28.   Wiegelmann, Alltags- und Festspeisen in Mitteleuropa, S. 18.

29.   Hanns Bächtold-Stäubli unter Mitwirkung von Eduard Hoffmann-Krayer (Hrsg.), Handwörterbuch des deutschen Aberglaubens, Band 9, Berlin und New York 1987, Sp. 884f.

30.   Vgl. http://www.augustiner.at/augustinus_ordensregel.php?sublink=f8.

31.   Geschichte der Stadt Wittenberg aus archivalischen und zuverlässigen Quellen geschöpft und bearbeitet von A. M. Meyner, Dessau 1845, S. 129.

32.   WA 38, S. 105.

33.   H. H. Borchert und Georg Merz (Hrsg.), Martin Luther, Ausgewählte Werke, 2., veränderte Auflage, 7. Band: Tischreden, München 1938, S. 365 Nr. 615; WATr. 3, S. 323 Nr. 3458.

34.   Walther Ryff, Confect Büchlin / und Hauß Apoteck Kunstlich zu Bereyten / Einmachen / und rechtgebrauchen / mancherhandt nutzbare Confect / Latwer gen / Conserva oder Conditen / Sirop / Julep / und andere künstliche getränck / zum lust vil noturfft notwendigen stücken außerhaln leibs gebrauchen / als Öl / Pflaster / Salben / Bäder / Behungen etc. Itam was zu güttem Geruch und lieb lichem Geräuch dient / als PomAmbre / Bisam säcklin / wolriechende pulver / vnnd Seyffen küglin. Aqua vitae vnnd ander bewerte Krafft was ser. Alles so diser gestalt dem gemeynen man zu täg licher noturfft dienlich vnnd nütz / genügame und treuliche underrichtung. Dabei kurtze Erklerung ider Maß / Zal / Gewicht /von aller einfachen stück / vonn Kreuttern / Wurtzeln Blümen / Samen / Frucht / Gethier / vnnd Gesteyn / zu der Artzney dienlich vnnd gebrauchen. New an

tag geben, Frankfurt a. M., Christian Egenolff 1544, Reprint Edition Leipzig, 1983, mit einem Nachwort von Carl Lüdtke. Allerdings fehlen dem Büchlein die angekündigten Teile 4 und 5.

35. Bruno Laurioux, Tafelfreuden im Mittelalter. Kulturgeschichte des Essens und Trinkens in Bildern und Dokumenten, Stuttgart und Zürich 1992, S. 35, Rezept S. 45; Manfred Lemmer, So wirt es gut vnd wohlgeschmack. Alte deutsche Kochrezepte um 1350 bis 1600, Halle 1991, S. 41 Nr. 18 und S. 43ff. Nr. 25.

36. Schubert, Essen und Trinken im Mittelalter, S. 296.

37. Trude Ehlert, Kochbuch des Mittelalters. Rezepte aus alter Zeit, eingeleitet, erläutert und ausprobiert, Mannheim 2012, S. 24.

38. Thomas Lang, Der Kurfürst zu Besuch in seiner Residenz: Nutzung und Ausbau der Wittenberger Residenz in der Zeit von 1485–1510, in: Wittenberg-Forschungen. Band 1: Das ernestinische Wittenberg. Universität und Stadt (1486–1547). Hrsg. v. Heiner Lück, Enno Bünz, Leonhard Helten, Dorotée Sack und Hans-Georg Stephan im Auftrage der Stiftung Leucorea, Petersberg 2011, S. 105.

39. Andreas Meinhardi, Über die Lage, die Schönheit und den Ruhm der hochberühmten, herrlichen Stadt Albioris, gemeinhin Wittenberg genannt. Ein Dialog, hrsg. für diejenigen, die ihre Lehrzeit in den edlen Wissenschaften beginnen ... Übersetzung, Einleitung, Anmerkungen von Martin Treu, Spröda 2008, S. 23.

40. Friedrich Küchenmeister, Dr. Martin Luthers Krankengeschichte. Mit erläuternden Bemerkungen aus seinem Leben, Lebensweise, Schicksalen, Kämpfen und Wirken für Ärzte und Laien zusammengestellt, Leipzig 1881, S. 35.

41. Ryff, Confect Büchlin / und Hauß Apoteck, S. 59b.

42. Dapper, Zu Tisch bei Martin Luther, S. 27f. Rezept 13.

43. E. von Szczepanska, Die Kunst des Gefallens. 2. Teil, Schönheits- und Körperpflege. Leipzig, Verlag Curt Ronninger, 2., verbesserte Auflage o. J., S. 20ff.; Jacob Burckhardt: Die Kultur der Renaissance in Italien. Stuttgart 11. Aufl. 1988, S. 228 und S. 245–247.

44. Hans Bächthold-Stäubli (Hrsg.), Handwörterbuch des deutschen Aberglaubens, Hrsg. unter Mitwirkung von Eduard Hoffmann-Krayer, Band 2, Berlin und New York, Verlag Walter de Gruyter 1987, Sp. 1245f.

45. Lemmer/Schultz (Hrsg.), Die lere von der kocherie, S. 69.

46. Ernst Krziwanie, Advent, Advent. Bräuche der Weihnachtszeit zwischen Altmark, Unstrut, Harz und Fläming. Kulturreisen in Sachsen-Anhalt. Hrsg. v. Christian Antz, Dössel 2010, S. 121.

47. Lenelies Pause, Vom königlichen Kindlein. Geschichten um den Christstollen. Geboren im 14. Jahrhundert. Beschrieben im 20. Jahrhundert, Hamburg ⁴1954, S. 12.

48. Friedrich Joseph Grulich, Denkwürdigkeiten der altsächsischen kurfürstlichen Residenz Torgau aus der Zeit und zur Geschichte der Reformation, Hrsg. v. Johann Christian August Bürger, Torgau 1855, S. 22.

49. Martin Treu, Die Leucorea zwischen Tradition und Erneuerung. Erwägungen zur frühen Geschichte der Universität Wittenberg, in: Heiner Lück (Hrsg.), Martin Luther und seine Universität. Vorträge anläßlich des 450. Todestages des Reformators. Im Auftrage der Stiftung Leucorea an der Martin-Luther-Universität Halle-Wittenberg herausgegeben, Köln, Weimar und Wien 1998, S. 34.

50. Lemmer/Schultz (Hrsg.), Die lere von der kocherie, S. 67.

51. Karen Michels, Martin Luther – die Lektionen der Straße. Wie die Welt das Denken des Reformators veränderte, Hamburg 2010, S. 17.

52. Günther Wartenberg (Hrsg.), Martin Luther. Briefe. Eine Auswahl, Leipzig 1983, S. 98.

53. Erika Kohler, Martin Luther und der Festbrauch, Mitteldeutsche Forschungen. Band 17, Köln und Graz 1959, S. 65, nach: WA 31 I, S. 436.

54. Montanari, Der Hunger und der Überfluß, S. 137.

55. Albrecht Thoma, Katharina von Bora. Geschichtliches Lebensbild, Berlin 1900, S. 92.

56. Lemmer, So wirt es gut vnd wohlgeschmack, S. 159 Nr. 226.

57. Manfred Straube, Der Warenverkehr auf dem Ober- und Mittellauf der Elbe zwischen Pirna und Wittenberg zu Beginn der frühen Neuzeit, in: Wirtschaftshistorische Studien. Festgabe für Othmar Pickl, hrsg. v. Karl Hardach, Frankfurt/Main 2007, S. 246.

58. Martin Luther, Vermahnung an die Geistlichen 1530, in: WA 30 II, S. 347–351.

59. Schubert, Essen und Trinken im Mittelalter, S. 122.

60. Lemmer/Schultz (Hrsg.), Die lere von der kocherie, S. 65 Nr. 48.

61. Hans Jürgen Fahrenkamp, Wie man eyn teutsches Mannsbild bey Kräfften hält. Die vergessenen Küchengeheimnisse des Mittelalters. München 1988, S. 69, nach der Küchenmeisterei.

62. Bruck, Friedrich der Weise als Förderer der Kunst, S. 134f.

63. Georg Buchwald, Zur Wittenberger Stadt- und Universitäts-Geschichte in der Reformationszeit: Briefe aus Wittenberg an M. Stephan Roth in Zwickau, Charlestown 1997, S. 74 Nr. 81.

64. Ratsarchiv Wittenberg, Kämmereirechnung Sonntag nach Mariae Lichtmeß 1530, S. 151b.

65. Otto, Dreihundertjähriges deutsches Kloster-Kochbuch. Leipzig 1856, S. 18f. Rezept 17.

66. Ehlert, Kochbuch des Mittelalters, S. 24.

67. Otto, Dreihundertjähriges deutsches Kloster-Kochbuch, S. 78 Nr. 39 und 40.

68. Ebenda, a.a.O.

69. Martin Luther, An den christlichen Adel deutscher Nation..., in: WA 6, S. 466.

70. Otto, Dreihundertjähriges deutsches Kloster-Kochbuch, S. 125 Nr. 61.

71. Ratsarchiv Wittenberg Nr. 69=Bc 57: allerhand zum Archiv gehörige Original Befehle und Acta über zusammen gezogene einzelne Stadt-Sachen, die nicht wohl separiret und zu keinen gewißen Acten gebraucht werden können d.a. 1512 biß 1612, S. 31.

72. Max Senf, 500 Jahre Geschichte der Fleischer-Innung Lutherstadt Wittenberg. Festgabe zur Feier am 10. Mai 1925. Auf Veranlassung der Innung zusammengestellt, S. 68 Nr. 233.

73. Karl August Hugo Burkhardt (Hrsg.), Thüringische Geschichtsquellen, NF Band 5 = Ernestinische Landtagsakten, Band 1: Die Landtage von 1487 bis 1532, Jena 1902, S. 194 Nr. 372.

74. Georg Buchwald (Hrsg.), D. Martin Luthers Briefe, ausgewählt. Leipzig und Berlin 1925, S. 216f. Nr. 303.

75. Max Senf, CALENDARIVM HISTORICVM VITEBERGENSE, Das ist Ein allgemein Calender, in welchem vff jeden tag durchs gantze Jar, eine namhaffte Geschicht oder Historien, ... gezeigt wird ..., Wittenberg 1912.

76. Martin Luther, Vermahnung an die Geistlichen 1530, in: WA 30 II, S. 260 Anm. 34.

77. WA 32, S. 224.

78. Stefan Oehmig, Wittenberg als Universitäts- und Studentenstadt, in: Sonntagsvorlesungen des Evangelischen Predigerseminars Wittenberg. Hrsg. v. Peter Freybe, 2002: Wittenberg als Bildungszentrum 1502–2002. Lernen und Leben auf Luthers Grund und Boden, Wittenberg, Drei Kastanien Verlag 2002, S. 45f.

79. Ratsarchiv Wittenberg, Kämmereirechnung 1539, S. 147.

80. Ebenda, S. 148.

81. Ernst Kroker, Katharina von Bora. Martin Luthers Frau. Ein Lebens- und Charakterbild, Berlin ⁵1980, S. 90.

82. Ernst Kroker, Katharina von Bora. Martin Luthers Frau. Ein Lebens- und Charakterbild, Berlin [15]1980, S. 90.

83. Fritz Stoy, Friedrich des Weisen Hoflager in Lochau in seinem letzten Lebensjahre, in: Forschung und Leben. Heimatblätter des Schönbergbundes. Arbeitsgemeinschaft für Heimatpflege im Regierungsbezirk Merseburg. Heft 5 und 6, Halle, 2. Jahrgang, 1928, S. 282.

84. Lemmer, So wirt es gut vnd wohlgeschmack. S. 247f. Nr. 373.

85. Schubert, Essen und Trinken im Mittelalter, S. 122.

86. WATr 4, S. 354 Nr. 4508 (Tagebuch des Antonius Lauterbach).

87. Lemmer/Schultz (Hrsg.), Die lere von der kocherie, S. 57 Nr. 53.

88. Schubert, Essen und Trinken im Mittelalter.

89. Dapper, Zu Tisch bei Martin Luther, 27f.

90. Lemmer/Schultz (Hrsg.), Die lere von der kocherie, S. 39.

91. Man überlege, ein Schock = 60 Stück!

92. Fritz Böttge und Hilda Seidler, Hochzeit eines Kurfürsten. In: Zerbster Heimatkalender 2002, S. 50-53; Sturmhövel, Kurfürstin Anna, S. 135.

93. Lemmer/Schultz (Hrsg.), Die lere von der kocherie, S. 47f.

94. Otto, Dreihundertjähriges deutsches Kloster-Kochbuch, S. 98 Nr. 20.

95. Alfred Wirth, Neue Beiträge zur anhaltischen Volkskunde, Leipzig 1956, S. 46-48.

96. Handgeschriebenes Rezeptbuch aus dem Besitz meiner Mutter.

97. Heese von Würdig, Die Dessauer Chronik, Die Zeit bis zum 30jährigen Kriege – Das Landbuch von 1549, S. 149.

98. Paulus Cassel, Weihnachten, Ursprünge, Bräuche und Aberglauben. Ein Beitrag zur Geschichte der christlichen Kirche und des deutschen Volkes, Wiesbaden, VMA-Verlag – unveränderter Nachdruck der Ausgabe von 1862, S. 189f.

99. Martin Treu, Die Leucorea zwischen Tradition und Erneuerung. S. 38f.

100. Ulrike Ludwig, Die Universitätsgebäude von der Gründung der Leucorea 1502 bis zum Jahr 1547, in: Wittenberg-Forschungen. Band 1: Das ernestinische Wittenberg. Universität und Stadt (1486–1547). Hrsg. v. Heiner Lück, Enno Bünz, Leonhard Helten, Dorotée Sack und Hans-Georg Stephan im Auftrage der Stiftung Leucorea, Petersberg, Michael Imhof Verlag, 2011, S. 125 und 127.

101. Stefan Oehmig, Wittenberg als Universitäts- und Studentenstadt, S. 41f.

102. Ebenda, S. 43ff.

103. Friedrich von Braun, Des Monatlichen Auszuges aus der Geschichte der hohen Chur und Fürstlichen Häuser zu Sachsen, Thüringisch-Meißnischen Stammes. 5. Teil, Langensalza 1784, S. 12.

104. Helga Schmiedel, Rund ums Salz - mit Tips und Rezepten, Fachbuchverlag Leipzig, ²1984, S. 177.

105. Lemmer, So wirt es gut vnd wohlgeschmack, S. 93 Nr. 113 und 114.

106. Schirmer, Kursächsische Staatsfinanzen (1456–1656), S. 451f.

107. Paul Mannewitz, Das Wittenberger und Torgauer Bürgerhaus vor dem Dreißigjährigen Kriege. Dissertation Dresden und Borna b. Leipzig 1914, S. 12.

108. Insa Christiane Hennen, Das Lutherhaus Wittenberg. Ein bauhistorischer Rundgang, Wittenberg 2002, S. 11 Abb. 5.

109. Ebenda, S. 39 Abb. 25.

110. Ebenda, S. 44, 53 Abb. 32: Ziegelpflaster, Tafel 5: Lageplan.

111. Otto, Dreihundertjähriges deutsches Kloster-Kochbuch.

112. Lemmer/Schultz (Hrsg.), Die lere von der kocherie, S. 59: Holunder- und Veilchenbrei – Das Mittelalter liebte Farben, die überall waren und natürlich auch im Essen, wie der blaue Veilchenbrei oder ein mit Safran gefärbter gelber Hirsebrei.

113. Insa Christiane Hennen, Das Lutherhaus Wittenberg, S. 40, 39 Abb. 25 Tafel 5.

114. Georg Buchwald, Luther-Kalendarium, in: Schriften des Vereins für Reformationsgeschichte. Jg. 45, Heft 2 = Nr. 147, Leipzig: Eger & Sievers 1929, S. 8, nach Lib. Dec. S. 22.

115. Die 1482 von Kurfürst Ernst von Sachsen erlassene Landesordnung wurde erst am 12. November 1560 durch Kurfürst August abgelöst. Um die Ordnung v. a. bezüglich der Kleidung und Größe der universitären Festgesellschaften und Anzahl zu reichender Gerichte im Sinne des kürzlich verstorbenen Reformators Luther zu sichern, erließ z.B. die Wittenberger Universität im August 1546 eine auf der Landesordnung von 1482 basierende Universitätsordnung.

116. Georg Buchwald, Mathesius' Predigten über Luthers Leben. Stuttgart 1904, S. 171.

117. Albrecht Thoma, Katharina von Bora, S. 66.

118. Johann Karl Seidemann, Luthers Grundbesitz, in: Zeitschrift für die historische Theologie, Jg. 1860, IV. Heft, S. 478 Anm. 8.

119. Elke Strauchenbruch, Luthers Paradiesgarten, Leipzig 2015.

120. WA 24, S. 13f., 115 und 116.

121. Siegfried Bräuer, »Iß, was gar ist, trink' was klar ist, red', was wahr ist« – Am Tisch im Schwarzen Kloster, in: »Gott hat noch nicht genug Wittenbergisch Bier getrunken.« – Alltagsleben zur Zeit Martin Luthers. Wittenberger Sonntagsvorlesungen, Hrsg. v. Peter Freybe, Wittenberg: Evangelisches Predigerseminar 2001, S. 124.

122. Lemmer/Schultz (Hrsg.), Die lere von der kocherie, S. 43.

123. Otto, Dreihundertjähriges deutsches Kloster-Kochbuch, S. 86 Nr. 4.

124. Karl Heinz Schreyl, Aufs Knie oder um den Hals? Zur Benutzung von Servietten, in: Volkskunst. Zeitschrift für volkstümliche Sachkultur, 1987/Heft 4 München: Callwey-Verlag 1987, S. 43.

125. Max Lossnitzer, Funde und Neuerwerbungen in den Kunstsammlungen auf der Feste Coburg. in: R. Ehwald, Aus den coburg-gothaischen Landen. Heimatblätter, unter dem Protektorate Seiner Königl. Hoheit des Herzogs Carl Eduard von S. Coburg und Gotha. 8. Heft, Gotha 1912; Zum Elisabethglas und seiner Herkunft vgl. auch: Elke Strauchenbruch, Luthers Wittenberg, Leipzig 2013.

126. Georg Buchwald, D. Martin Luthers Briefe, Leipzig und Berlin: B. G. Teubner Verlag 1925, S. 145 Nr. 189.

127. Julius Köstlin, Luthers Leben, 10. Auflage. Illustrierte Volksausgabe. Leipzig 1902, S. 611 Abb. 60.

128. Hans-Georg Stephan, Archäologie der Reformationszeit. Aufgaben und Perspektiven der Lutherarchäologie in Sachsen-Anhalt, in: Harald Meller (Hrsg.), Fundsache Luther. Archäologen auf den Spuren des Reformators, Begleitband zur Landesausstellung, Landesamt für Denkmalpflege und Archäologie Sachsen-Anhalt, Stuttgart: Konrad Theiss Verlag 2008, S. 112.

129. Hier und zum Folgenden vergleiche: Georg Buchwald, Mathesius' Predigten über Luthers Leben. Stuttgart: Paul Rocholls Verlag 1904.

130. Albrecht Thoma, Katharina von Bora, S. 110.

131. Lemmer, So wirt es gut vnd wohlgeschmack, S. 245 Nr. 368.

132. Friedrich Küchenmeister, Dr. Martin Luthers Krankengeschichte. Mit erläuternden Bemerkungen aus seinem Leben, Lebensweise, Schicksalen, Kämpfen und Wirken für Ärzte und Laien zusammengestellt, Leipzig: Verlag Otto Wigand 1881.

133. Georg Buchwald, Luther-Kalendarium, S. 107.

134. Küchenmeister, Dr. Martin Luthers Krankengeschichte, S. 37.

135. Helmar Junghans, »Wittenberg, die kleine Stadt, einen großen Namen itzund hat ...« Wittenberg als Umwelt für Luthers Alltag, in: Peter

Freybe (Hrsg.), »Gott hat noch nicht genug Wittenbergisch Bier getrunken.« Alltagsleben zur Zeit Martin Luthers, Wittenberger Sonntagsvorlesungen. Evangelisches Predigerseminar 2001, Wittenberg:
Drei Kastanienverlag 2001, S. 17, 28.

136. Albrecht Thoma, Katharina von Bora, S. 110.

137. Günther Wartenberg (Hrsg.), Martin Luther. Briefe. Eine Auswahl,
Leipzig: Insel-Verlag 1983, S. 258.

138. Georg Buchwald, Mathesius' Predigten über Luthers Leben, S. 171.

139. Johann Karl Seidemann, Luthers Grundbesitz, S. 533 Anm. 90.

140. Joachim Camerarius, Das Leben Philipp Melanchthons, übersetzt von
Volker Werner, mit einer Einführung und Anmerkungen versehen von
Heinz Scheible, Schriften der Stiftung Luthergedenkstätten in Sachsen-
Anhalt, Band 12, Leipzig, Evangelische Verlagsanstalt, 2010, S. 78.

141. Ebenda, S. 61.

142. Lemmer, So wirt es gut vnd wohlgeschmack, S. 209 Nr. 307.

143. Stefan Rhein, Katharina Melanchthon, geb. Krapp. Ein Wittenberger
Frauenschicksal der Reformationszeit, in: Stefan Oehmig (Hrsg.),
700 Jahre Wittenberg. Stadt, Universität, Reformation, Weimar 1995,
S. 504 ff.

144. Lemmer, So wirt es gut vnd wohlgeschmack, S. 211 Nr. 311.

145. Camerarius, Das Leben Philipp Melanchthons, S. 62 f.

146. Hans-Ulrich Dehlius, Der Briefwechsel des Friedrich Myconius (1524–
1546). Ein Beitrag zur allgemeinen Reformationsgeschichte und zur
Biographie eines mitteldeutschen Reformators, Schriften zur Kirchen-
und Rechtsgeschichte 18./19. Heft, Tübingen 1960, S. 34 Nr. 110 und 111.

147. Lemmer, So wirt es gut vnd wohlgeschmack, S. 215 Nr. 320 (1. Variante).

148. Alwin Schultz, Das häusliche Leben der europäischen Kulturvölker,
München und Berlin 1903, S. 312, S. 35.

149. Georg Buchwald (Hrsg.), D. Martin Luthers Briefe, S. 244 Nr. 342.

150. F. Westphal, Zur Erinnerung an Fürst Georg den Gottseligen zu Anhalt. Zum 400jährigen Geburtstage am 15. August 1907, in: Schriften
des Vereins für Reformationsgeschichte 95, Leipzig 1907, S. 16.

151. Lemmer, So wirt es gut vnd wohlgeschmack, S. 105 Nr. 136 und 137.

152. Georg Buchwald, Zur Wittenberger Stadt- und Universitäts-Geschichte
in der Reformationszeit: Briefe aus Wittenberg an M. Stephan Roth
in Zwickau, S. 62 Nr. 68.

153. Montanari, Der Hunger und der Überfluß, S. 132 f.

154. Schubert, Essen und Trinken im Mittelalter, S. 269.

155. Elke Strauchenbruch, Luthers Wittenberg, Leipzig: Evangelische Verlagsanstalt 2013.

156. Ratsarchiv Wittenberg, Sign. 144 (Bc 108) Handels- und Gerichtsbuch 1525–1559, Bl. 427/435 r.

157. Luther an Jonas am 4. September 1535, in: WA Briefe 7, S. 249 – Da pro Tisch üblicherweise je zehn Personen saßen, waren also 70 bis 80 Freunde eingeladen!

158. Ebenda, S. 143 Nr. 195 und 199.

159. Ebenda, S. 215 Nr. 319.

160. WA Tischreden III, S. 338 Nr. 3468.

161. Wilhelm Heinsius (Hrsg.), Martin Luther, Bibelübersetzung, Schriftauslegung, Predigt (= Martin Luther Ausgewählte Werke, hrsg. v. H. H. Borchert, besorgt von Georg Merz, Band 6, München, Chr. Kaiser Verlag 1934, S. 429 f.

162. Georg Buchwald. Lutherana. Notizen aus Rechnungsbüchern des Thüringischen Staatsarchivs Weimar, in: ARG 25, Leipzig 1928, S. 43

163. Karl Pallas, Die Registraturen der Kirchenvisitationen im ehemals sächsischen Kurkreise. 1. Teil: Die Ephorien Wittenberg, Kemberg und Zahna, Geschichtsquellen der Provinz Sachsen und angrenzender Gebiete. 41. Band, Halle, Verlag Otto Henkel 1906, S. 51f.

164. Johannes Coler, Calendarium Oeconomicvm & perpetuum. Vor die Haußwirt, Ackerleut, Apotecker vnd andere gemeine Handwercksleut, Kaufleut, Wanderßleut, Weinherrn, Gertner vnd alle die jenige so mit Wirtschafft vmbgehen. ... Wittenberg: Christoff Axin 1591, S. G2.

165. Otto, Dreihundertjähriges deutsches Kloster-Kochbuch, S. 122 Nr. 55.

166. Dagmar Hnikova, Böhmisches Glas, Bern und Stuttgart, Hallwag Verlag, 1974, S. 12.

167. Die Renaissance im deutschen Südwesten zwischen Reformation und Dreißigjährigem Krieg. Eine Ausstellung des Landes Baden-Württemberg unter der Schirmherrschaft von Ministerpräsident Lothar Späth, Heidelberger Schloß 1986, Band 2, S. 841 Nr. R 8.

168. Schirmer, Kursächsische Staatsfinanzen (1456–1656), S. 407.

169. Elke Strauchenbruch, Lucas Cranach der Jüngere. Ein Meister im Dienst der Reformation. Biografien zur Reformation, Wittenberg: Drei Kastanien Verlag 2015, S. 28ff.

170. Lemmer, So wirt es gut vnd wohlgeschmack, S. 71 Nr. 72.

171. Andreas Gößner, Stipendien und Stipendiaten an der Universität Wittenberg, in: Sonntagsvorlesungen des Evangelischen Predigerseminars Wittenberg. Hrsg. v. Peter Freybe, 2002: Wittenberg als Bildungszentrum 1502–2002. Lernen und Leben auf Luthers Grund und Boden, Wittenberg, Drei Kastanien Verlag 2002, S. 60.

172. Johannes Janssen, Allgemeine Zustände des deutschen Volkes seit dem Ausgang der socialen Revolution bis zum sogenannten Augsburger Religionsfrieden von 1555, hrsg. Von Ludwig Pastor = Geschichte des deutschen Volkes seit dem Ausgang des Mittelalters. Band 3, Freiburg/Br. 1899, S. 373.

173. Karl Pallas, Die Registraturen der Kirchenvisitationen im ehemals sächsischen Kurkreise. 1. Teil: Die Ephorien Wittenberg, Kemberg und Zahna, Geschichtsquellen der Provinz Sachsen und angrenzender Gebiete. 41. Band, Halle, Verlag Otto Henkel 1906, S. 45.

174. Strauchenbruch, Luthers Paradiesgarten, Leipzig 2015, Vorwort.

175. Ehlert, Kochbuch des Mittelalters, S. 17f.

176. Kroker, Katharina von Bora, S. 184f.

177. Die *Statuta* von 1504 haben private Hirten strikt verboten. Die Luthers müssen ein Sonderrecht gehabt haben, denn sonst hätten sie keinen Sauhirten anstellen können – oder der Hirte wurde nur auf dem eigenen Grundstück tätig und hat sich hier um die Schweine der Familie gekümmert.

178. Lemmer, So wirt es gut vnd wohlgeschmack, S. 31 Nr. 8.

179. Kroker, Katharina von Bora, S. 190f.

180. Ebenda, S. 193.

181. Tim Klein, Luther – Deutsche Briefe, Schriften, Lieder, Tischreden, München 1917, S. 259.

182. Georg Buchwald, Mathesius' Predigten über Luthers Leben, S. 178.

183. WA 24, S. 13f., 115 und 116.

184. Vgl. Elke Strauchenbruch, Luthers Kinder, Leipzig 2010.

185. Werner Rautenberg. Johann Bugenhagen. Beiträge zu seinem 400. Todestag, Berlin 1958, S. 28.

186. Lemmer, So wirt es gut vnd wohlgeschmack, S. 257f.

187. Thoma, Katharina von Bora, S. 122f.

188. Lemmer/Schultz (Hrsg.), Die lere von der kocherie, S. 31f.

189. Buchwald (Hrsg.), D. Martin Luthers Briefe, S. 291 Nr. 430.

190. Lemmer, So wirt es gut vnd wohlgeschmack, S. 267 Nr. 397.

191. Karl Eduard Förstemann, Die Willkür und Statuten der Stadt Wittenberg; aus dem Wittenberger Statutenbuche mitgetheilt, in: Neue Mitteilungen aus dem Gebiet historisch-antiquarischer Forschungen 6, 1842, 3. Heft, S. 39.

192. Lemmer/Schultz (Hrsg.), Die lere von der kocherie, S. 31.

193. Alwin Schultz, Das häusliche Leben der europäischen Kulturvölker, München und Berlin 1903, S. 315 f.

194. Johannes Marcellus (Hrsg.), Der Universitet zu Wittenberg Ordnung von kleidung, geschmuk, bekostigung ... Wittenberg: Georg Rhau 1546.

195. Lemmer, So wirt es gut vnd wohlgeschmack, S. 31 Nr. 10.

196. Ebenda, S. 45 Nr. 29.

197. Ebenda, S. 297 Rezept 443.

Bildnachweis

Foto/Archiv Strauchenbruch:
17, 23, 25, 29, 39, 43, 52, 62, 64, 66, 68, 71, 75, 81, 83, 86, 89, 90 & 94 (mit freundlicher Genehmigung vom Förderkreis Konradsburg e. V. Ermsleben), 91f., 97, 100, 104–107, 109–112, 117–119, 122f., 127, 129f., 133, 138f., 141, 145, 154f.

Stiftung Luthergedenkstätten:
S. 35, 55

Fotostudio Kirsch, Wittenberg:
S. 4

Österreichische Nationalbibliothek Wien:
S. 99